Christian Lundbeck

Mobbing
Impulse für Opfer,
für Beratung, Mediation
und Seelsorge

Fenestra-Verlag Wiesbaden-Berlin

CHRISTIAN LUNDBECK
Mobbing - Zeige mir deine Wunde!
Impulse für Opfer, für Beratung, Mediation und Seelsorge
Mit einem Geleitwort von Sabine Sunnus,
Stellvertretende Vorsitzende des gemeinnützigen Vereins
„D.A.V.I.D. gegen Mobbing in der evangelischen Kirche e.v."

Bibliografische Information der Deutschen Nationalbibliothek
Die Deutsche Nationalbibliothek verzeichnet diese Publikation in der
Deutschen Nationalbibliografie; detaillierte bibliografische
Daten sind im Internet über http://dnb.d-nb.de abrufbar.

IMPRESSUM

© Fenestra-Verlag Wiesbaden-Berlin
1. Auflage September 2011

Autor: Christian Lundbeck,
Kanzlei für Personalberatung und Wirtschaftsmediation
Ob der Eichhälden 15 B, 76228 Karlsruhe-Palmbach
www.lumen-mediation.de

Zu den Fotos (aufgenommen vom Autor):
Umschlag vorne:
Ausschnitt eines unbekannten Gemäldes, digital verändert.
Umschlag hinten:
Als Name einer Karlsruher Kneipe ist das ein Gag; die allzu häufigen Schamlosigkeiten im
betrieblichen Alltag sind ein Skandal!
Auf Seite 172: Spruch an einem Fachwerkhaus

Lektorat und Geleitwort: Sabine Sunnus,
Stellvertretende Vorsitzende des Vereins
„D.A.V.I.D. gegen Mobbing in der evangelischen Kirche"
Krefelder Straße 12, 10555 Berlin
sabine.sunnus@david-gegen-mobbing.de

Druck: docupoint GmbH Magdeburg

Verkaufspreis: 13,90 €
(inklusive Mehrwertsteuer;
zuzüglich Versandkosten)

Bestelladresse:
Fenestra-Verlag Wiesbaden-Berlin
Am Heienberg 4, D-65193 Wiesbaden
Tel: (0611) 5440693; Fax: (0611) 9545911
info@fenestra-verlag.de ; www.fenestra-verlag.de

ISBN-13: 978-3-9813498-4-9
Alle Rechte vorbehalten

Inhaltsverzeichnis

	Seite
Zum Geleit	5
1. Einleitung	9
2. Bestandsaufnahme	15
3. Schatten des Arbeitslebens	26
4. Mobbing – eine Frauen-Leidenschaft?	42
5. Gruppen-Mobbing	52
6. Cyber-Mobbing	55
7. Schlaflosigkeit und Alpträume	59
8. Zorn und Rachegedanken	61
9. Lügen	65
10. Bosheit	70
11. Chefinnen und Chefs – im Konflikt von Recht, Macht und Fürsorge	73
12. Betriebsklimaanlage warten lassen - neue Werte für Unternehmen	84
13. Respekt	88
14. Vertrauen gewinnen	92
15. Seelsorge	95
16. Rechtliches	111
17. Mediation gegen Mobbing	120
18. Begleitete Mobbinggruppe und lokales Mobbing-Telefon	128
19. Versöhnung	131
20. Nachwort	132
Anhang 1: Beispiel eines Mobbing-Tagebuches	133
Anhang 2: Mediationsvereinbarung	145
Anhang 3: Sprichwörter und Redensarten rund ums Mobbing	148
Quellennachweise	167

Schwäbisches Sprichwort:
Net g´schimpft
is g´lobt g´nug.

Eine unkollegiale Kollegin:
Der werd´ ischs zaische,
die mach´ isch feadisch!

Eine 41-jährige Frau:
Ich bin fertig
und maßlos enttäuscht
von den Menschen.
Mein Mobbing-Scanner
im Kopf ist permanent
auf 20 Prozent an;
ich könnte ihn jederzeit
wieder auf 100 Prozent
hochfahren.

Keine Luft mehr:
Ein Vorgesetzter
führt mal wieder
ein Kritikgespräch
mit einer Mitarbeiterin.
Nach vier (!) Stunden fragt sie,
ob sie mal
das Fenster öffnen könne.
Er brüllt sie an:
„Bist du hier der Chef?"

Rainer Maria Rilke:
Vielleicht
ist alles Schreckliche
im tiefsten Grunde
das Hilflose,
das von uns Hilfe will.

Japanische Weisheit:
Nach drei Jahren
mag sogar ein Unheil
zu etwas nütze sein.

Zum Geleit

Ein jeder sollte im Unglück
Menschen finden, die ihm zugetan sind!

„Zeige mir deine Wunde!" nennt Christian Lundbeck sein neues Buch zum Umgang mit Mobbing. Das ist eine Aufforderung. Und wenn die Wunde offensichtlich blutet, fällt das nicht schwer. Schon die bloße Zuwendung einer Person tut gut, vielleicht kann sie ja Erste Hilfe leisten, mindestens aber diese herbei holen. Die verwundete Person ist nicht allein.

Aber wie steht es um das Zeigen, wenn die Wunde sich langsam und allmählich ausbreitet, wenn Verletzungen auf die Seele zielen, den Personenkern treffen wollen und kleine oder auch größere Schwachpunkte dazu schamlos ausnutzen? Wenn die Attacken wie aus dem Nichts immer häufiger nieder prasseln und wenn Ungerechtigkeiten und Falschaussagen ausgrenzen? Wenn sich eine Atmosphäre des Misstrauens einschleicht?

Die Verwundungen wachsen, gehen von Mal zu Mal tiefer, sie machen Angst vor dem nächsten Mal. Sie breiten sich aus zu einer großen Wunde. Diese verteilt ihren Schmerz auf Körperteile, Organe und vor allem die Seele. Diese Wunde lähmt. Aber sie blutet nicht. Wie kann ich sie zeigen? Wem kann ich mich anvertrauen? Wer wird mir glauben? Oder gelte ich dann vollends als verrückt? Auf wessen Seite steht mein Gegenüber? Lege ich mich bloß, wenn ich was sage? Bin ich zu schwach? Was habe ich falsch gemacht? Die verwundete Person fühlt sich allein.

Ist es so weit gekommen, hat der Mobbingprozess bereits sein erstes Ziel erreicht. Was meistens mit Schikanen beginnt, hat sich zu einem handfesten Konflikt entfaltet. Früh genug angepackt, wäre dieser durchaus noch zu entschärfen, ja zu beseitigen gewesen. Ungebremst breitet er sich aber nun vernichtend aus, zunächst direkt auf Kosten der betroffenen Person. Im Ganzen gesehen nehmen aber auch die betreibenden Personen, das Betriebsklima und im Endeffekt auch das Unternehmen Schaden. Erwerbsunfähigkeit, Frühverrentung sowie hohe volkswirtschaftliche Kosten sind die Folgen.

An dieser Schwelle setzt Christian Lundbeck mit seinem Buch an. „Zeige mir deine Wunde!" ermutigt er. Ruf' heraus, was dir widerfährt, suche dir einen kompetenten Gesprächspartner, und das so früh wie möglich!

Er weiß, wovon er spricht: als Mobbing-Berater, als Jurist und Mediator und schließlich auch aus eigenem früheren Erleben. Feinfühlig nimmt er die ganz unterschiedlichen Situationen auf, aus denen Mobbing entstehen kann oder bereits in vollem Gange ist. Besonders interessant und aufschlussreich sind dabei die unterschiedlichen Aspekte, unter denen er seine dreißig Fälle fokussiert, in der Inhaltsübersicht klar benannt. Im Kapitel „Chefinnen und Chefs – im Konflikt von Recht, Macht und Fürsorge" charakterisiert er beispielsweise nicht nur häufig auftretende Persönlichkeitsmerkmale von Vorgesetzten, sondern gibt auch bewährte Ratschläge und Ermunterungen zum Handeln – ein Zuspruch, das Geschehen nicht nur zu erdulden.

Oder unter der Überschrift „Respekt" legt er den Finger auf die große Wunde, die durch unterlassene Achtung und fehlende Wertschätzung entsteht. Mangelnder Respekt ist offenbar eine wachsende Zeiterscheinung. Die grundsätzliche Anerkennung von Mitarbeitenden und Kollegen muss zumindest bei geduldetem und ausgeübtem Mobbing neu gesucht und (wieder) gefunden werden. Dazu braucht es akzeptierte Regeln, deren Einhaltung jederzeit eingefordert werden kann und muss.
Und schließlich richten die Kapitel „Seelsorge" und „Versöhnung" den Blick auf das „Leben nach dem Mobbing". Es geht darum, die eigene Gestaltungsfreiheit wiederzuerlangen und eine neue Lebens- und möglicherweise auch Arbeitsperspektive zu gewinnen.

Eine reelle Chance, Mobbing effektiv zu beenden, sieht Christian Lundbeck in der Mediation. Diese setzt voraus, dass beide Seiten daran interessiert sind und sich auf einen Klärungsprozess einlassen. Allein dieser Gesichtspunkt lohnt das Lesen, bringt Impulse und setzt die eigene Phantasie in Gang, wie eine so harte Krisensituation doch noch einen positiven Erfahrungswert in sich tragen kann. Sechzehn seiner beschriebenen Fälle zeigen allerdings eine verfahrene Situation, in der andere Mechanismen zur „Beilegung" greifen müssen. Diese bleiben in der Regel im individuellen Bereich, wie professionelle Therapien für Körper und Seele - übrigens für „Täter" und „Opfer" gleichermaßen.

Aber die anderen vierzehn seiner Fälle hält er für „geeignet". Und es geht deutlich daraus hervor, dass Mediation außerdem eine Chance ist, weiteren Schaden abzuwenden. Als Ergebnis einer gelungenen Mediation nehmen nämlich alle Beteiligten einen Gewinn mit – für sich selbst als Einzelne sowie im Sozialgefüge, als auch in Bezug auf die Effektivität am Arbeitsplatz. Wenn das keine „Win-Win-Situation" ist!

Und damit nicht alles nur ganz ernst und schrecklich ist und nicht alles über Fallbeispiele transportiert werden muss, hat Christian Lundbeck noch eine Menge Sprichwörter, Aphorismen und Sinnsprüche zum Thema aus der Geschichte gesammelt, von der Bibel über die Literatur zu Persönlichkeiten unserer Zeit. Es macht Freude, so viele bekannte und neue darunter zu entdecken, sie wecken Assoziationen zu selbst Erlebtem. Und nebenbei erfährt man auch noch einige Zusammenhänge, in denen sie entstanden sind oder ihren Platz haben. Man sollte sie auswendig lernen. Um dem gerade sich zuspitzendem Moment das Körnchen Wahrheit zu verpassen oder ihn mit treffendem Humor zu entspannen.

Christian Lundbeck gibt hier ein Buch an die Hand, das nicht nur Betroffenen ein Wegweiser sein kann. „Es kann der Frömmste nicht in Frieden bleiben, wenn es dem bösen Nachbarn nicht gefällt", so Schiller im Wilhelm Tell. Nur zu wahr. Auch wenn es einen nicht selbst unmittelbar (be-)trifft, wissen doch viele Menschen von derlei Bösartigkeiten in ihrer Umgebung.

In den zehn Jahren des Bestehens von „DAVID gegen Mobbing in der evangelischen Kirche e. V." haben ganze Kirchengemeinden miterleben müssen, wie ihr Pfarrer oder ihre Pfarrerin, ihre Organistin oder ihr Kantor, die Leiterin des Kindergartens oder auch so manche ehrenamtlich Mitarbeitenden der Missgunst und Vertreibung zum Opfer gefallen sind. Aus dieser Erfahrung kam mir beim Lesen dieses Buches die zeitlose Aufforderung in den Sinn: Wehret den Anfängen! Und Christian Lundbeck zitiert Janus Korczak, der mit seinen jüdischen Waisenkindern die schlimmste Ausgrenzung in der deutschen

Geschichte erfahren hat. Aus tiefer Kenntnis gibt er deshalb weiter: „Ein jeder sollte im Unglück Menschen finden, die ihm zugetan sind." Er war seinen Kindern solch ein Mensch bis in den Tod.

Gemessen daran müsste es für uns ein Leichtes sein, wenigstens Zuwendung zu geben.

Dem Buch wünsche ich viele Augen, die es lesen, Herzen, die es aufnehmen, und Hände, die es weitergeben.

Für „DAVID gegen Mobbing in der evangelischen Kirche e. V."

Sabine Sunnus
Berlin, im September 2011

1. Einleitung

*Der Mensch ist zur Arbeit geboren
wie der Vogel zum Fliegen.*
Martin Luther, Alle Briefe und Schriften (1539-59)

Elender ist nichts als der Mensch ohne Arbeit.
Johann Wolfgang von Goethe, vom 13.1.1779

Wer sich mit dem leidvollen Phänomen Mobbing und seinen Ursachen befasst, fragt nach den Bedingungen menschlicher Arbeit.
Das Wort „Arbeit" ist abgeleitet von einem indogermanischen Wort mit der Bedeutung „ein zu schwerer körperlicher Tätigkeit verdingtes Kind sein, verwaist sein"[1].
Wer seinerzeit außerhalb der Familie arbeiten musste, hatte deren Schutz und Fürsorge verloren, war sozusagen elternlos, verwaist, ja versklavt und der Willkür eines Anderen unterworfen. Die alten Römer verstanden unter Arbeit „Nicht-Muße" (neg-otium). Erst Luther hat den sittlichen Wert der Arbeit als Beruf des Menschen in der Welt ausgeprägt. Dadurch verlor das Wort weitgehend den herabsetzenden Sinn „unwürdige, mühselige Tätigkeit" und bezeichnet nun die zweckmäßige Beschäftigung und das berufliche Tätigsein des Menschen.
Nach einer aktuellen repräsentativen Umfrage des Meinungsforschungsinstituts Forsa würden 69 Prozent der Berufstätigen auch dann arbeiten, wenn sie nicht auf Einkommen angewiesen wären[2]. Und wie viele Arbeitslose würden nur allzu gern wieder arbeiten, wenn sie eine Stelle bekämen, und fühlen sich wie verwaist! Ein Leben ohne Arbeit wird also heute von den meisten als unwürdig angesehen.
Die beruflichen Tätigkeiten selbst sind bei uns zwar kaum mehr „unwürdig" im altertümlichen Sinn, aber trotz der vielen Regelungen zum Arbeitnehmerschutz leiden Millionen Menschen in Deutschland unter einem unfairen, respektlosen Umgang, unter Belästigungen und Schikanen durch Kolleginnen, Kollegen und Vorgesetzte.
„Früher, da ging alles automatisch: Man stieg auf, Sprosse für Sprosse. Und man konnte mit Recht erwarten, dass jede einzelne Sprosse trug, und so weiter. Heute muss man darauf gefasst sein, dass gleich die ersten drei, vier Sprossen

fehlen, einfach heraus gebrochen sind. Man ist verurteilt, am Fuß der Leiter zu bleiben. Man muss Abschied nehmen von einst verbrieften Erwartungen."
So schrieb vor 20 Jahren der Schriftsteller Siegfried Lenz[3].
Im modernen Business-Englisch heißt eine Variante etwa bei Unternehmensberatungen „up or out" beziehungsweise „grow or go", also aufsteigen oder aussteigen/rausfliegen, befördert oder entlassen werden. Die heutige Arbeitswelt ist generell geprägt von Stellenabbau, Kurzarbeit und allenfalls befristeten Arbeitsverhältnissen mit der Folge von häufigeren Zeiten der Arbeitslosigkeit. Kein Arbeitsverhältnis ist ohne Kündigungsmöglichkeit.

Problematischer noch erscheint die Zunahme der befristeten (Leih-) Arbeitsverhältnisse[4]. Auch die Ein-Euro-Jobs sind als Brücke in den regulären Arbeitsmarkt meist nicht geeignet [5] und gefährden zudem das Handwerk [6].
„Fleisch und Stachel gehören zusammen" [7], heißt es zwar. Aber der Stachel tut weh, es gibt viel Angst und Elend. Ich habe es eine zeitlang selbst erlebt und bei Schulungen von Arbeitslosen allzu oft davon gehört. Und vielen Arbeitenden ist zum Davonfliegen zumute, weil sie sich gemobbt fühlen. Kein Wunder also, dass laut einer Gallup-Umfrage aus dem Jahr 2010 über 80 Prozent der Arbeitnehmer keine oder eine geringe emotionale Bindung an ihren Arbeitsplatz haben.

„Zeige mir deine Wunde!" Diese Bezeichnung einer provokanten Skulptur von Joseph Beuys (1921-1986) im Lenbachhaus in München wurde für mich zum Motto meiner ehrenamtlichen Beratungstätigkeit an der Mobbing-Hotline Baden-Württemberg, für eine von mir mitinitiierten begleiteten Gruppe für Mobbing-Opfer sowie für meine freiberufliche Beratungspraxis.
Die Unverschämtheiten nehmen offenbar zu und dadurch auch die Wunden [8]. Beispiel:
Ein Kollege einer Angestellten hatte sich verletzt. Sie verband ihm die blutende Wunde. Der Chef kam darüber zu und herrschte sie über ihre Hilfe erbost an: „Sie sollen arbeiten und nicht verbinden!"
Da ist es nötig, dass Betroffene außerhalb ´ihr Herz ausschütten´ können (1. Samuel 1,15) und konkrete Hilfe finden.
Bei einer körperlichen Wunde zeigen wir dem Arzt ganz selbstverständlich, wo es weh tut. Bei den seelischen Verletzungen sind wir,

insbesondere wir Männer, sehr viel zurückhaltender, obwohl es einen oft heftigeren und nachhaltigeren Leidensdruck gibt. „Zeige mir deine Wunde!" Das ist keine Kindergartenformel, auf die man gemeinsam singt: „Heile, heile Segen, morgen gibt es Regen, übermorgen Sonnenschein, dann wird alles besser sein." Es ist das Angebot, gemeinsam auf die Wunde zu schauen, behutsam den Finger auf den wunden Punkt zu legen, die Blutung mit einem Verband zu stillen und Heilungsmöglichkeiten zu besprechen. Der konkrete Blick auf eine Wunde kann eine neue Erkenntnis eröffnen.

Eine verletzte Seele heilt nicht so schnell wie ein gebrochenes Bein.

Die Statistik belegt es sehr genau, dass Männer häufiger für berufs- oder erwerbsunfähig erklärt werden als Frauen. Weil sie weniger über ihre seelische Not reden? Frauen überwinden jedenfalls eher ihre Schwellenangst und greifen sehr viel öfter zum Telefon oder gehen zu Beratungsstellen oder in Selbsthilfegruppen, möglicherweise weil sie besser wissen, dass geteilter Schmerz halber Schmerz ist (nach Chr. A. Tiedge).

„Aus tiefen Wunden wachsen große Flügel." So lautet der Titel einer Mut machenden Veröffentlichung. Denn nicht jedes schlimme Erlebnis oder jede böse Erfahrung löst automatisch ein Trauma aus. Trauma ist das griechische Wort für Verletzung, vergleichbar mit dem germanischen Ursprung des Wortes Wunde. Tatsächlich gibt es Beispiele für eine positive Lebenswende, so dass Betroffene nach einiger Zeit sagen: „Ich schaue nicht zurück im Zorn – im Gegenteil." Wer vorher psychisch einigermaßen stabil war und danach von Familie, Freunden und professionellen Helfern warmherzig unterstützt wird, kann sich oft nach einiger Zeit wieder erholen. Es kann aber auch ganz anders kommen, wie die Trauma-Experten wissen: Wer ohnehin verletzlich ist und keine Zuwendung erfährt, erkrankt in der Folge an einer „posttraumatischen Belastungsstörung" (PTBS).

Provokation – das ist vom Wortsinn her das Herausrufen aus der bisherigen Situation. Das ist wichtig, denn: Das Sprichwort „Die Zeit heilt alle Wunden" ist jedenfalls in diesem Zusammenhang falsch. Richtig ist dagegen die japanische Weisheit: „Nach drei Jahren mag sogar ein

Unheil zu etwas nütze sein." Ich kann das und auch den Zeitrahmen von drei Jahren aus mancherlei Erfahrungen bestätigen.
Als ich das Wort von Alexandre Dumas[9] las: „Gegen jedes Böse gibt es zwei starke Waffen: die Zeit und das Schweigen.", konnte ich dem nur bedingt zustimmen. Sicher, Bedrängnis bringt Geduld und dann oftmals auch Hoffnung. Insofern ist der Zeitfaktor für Mobbing-Betroffene von Bedeutung. Aber Schweigen? Die indische Schriftstellerin Arundhati Toy sagte nach den Attentaten vom 11. September 2001: „Wir können die Wunden nur heilen, uns versöhnen, wenn wir uns unsere Geschichten erzählen."
Erst im Weiteren gilt es nach Dietrich Bonhoeffer, „nicht nur die Opfer unter dem Rad zu verbinden, sondern dem Rad (des Bösen) selbst in die Speichen zu fallen"[10]. Impulse dafür finden sich in den folgenden Kapiteln.

Eine der vielen Folgen von Mobbing am Arbeitsplatz ist die Beschädigung oder gar die Zerstörung des Vertrauens. Deshalb fällt es Menschen schwer, sich anderen zu öffnen und über ihre Situation zu sprechen. Bei der Mobbing-Hotline, den regionalen Mobbing-Telefonen sowie bei der (Telefon-)Seelsorge können sie anonym bleiben und deshalb leichter Vertrauen fassen.
Wenn es im Gespräch passt, schildere ich kurz meine eigene frühere Betroffenheit. Und dann erlebe ich plötzlich eine noch viel weiter und tiefer reichende Öffnung der Anrufenden: „Warum lässt Gott das zu?" Auf derartige Fragen nach Sinn und Glauben kann ich dann zusätzliche Hilfestellungen, also seelsorgerliche Hinweise geben.
Ach, versuch's! Vielleicht, dass Gott dir Segen noch einmal schenkt: Zukunft, Lebendigkeit, Glück. Josef Weinheber [11]

„Jeder Aphorismus ist das Amen einer Erfahrung." (Hans Kudszus, 1901–1977). Jede Metapher (griechisch für „hinübertragen") ist ein rhetorisch reizvoller Sinnspruch und beinhaltet ein Bild für eine Übertragung auf einen anderen Sachverhalt. Aus den unerschöpflichen Quellen der Weisheit kleine Schlucke zu trinken, kann helfen, altes oder jüngeres Wissen in der Gegenwart anzuwenden. Mich hat es gereizt, aus der Fülle von Sprichwörtern und Redensarten einmal diejenigen zusammen zu schreiben, die für das Phänomen Mobbing bedeutsam sein können, in der Hoffnung, dass mancher Berater im Gespräch derartige Sinnsprüche zitiert. Denn nach meiner Erfahrung findet sich das Gegenüber oft darin wieder und kann sich leichter öffnen.

Es ist doch kein Grund des Befehdens,
wenn Einer als grob sich erweist.
Die freundlichsten Arten des Redens
sind Redensarten zumeist.
Albert Roderich [12]

Dies wird auch durch die klinische Praxis bestätigt, wie der Leitende Psychologe des Zentrums für Psychosomatik und Verhaltensmedizin der Klinik Berus, Josef Schickerath schreibt [13]: „In vielen Fällen hat es sich als hilfreich erwiesen, das Ergebnis der Verhaltens- und Bedingungsanalyse auf ein Bild, eine Metapher oder eine Geschichte zu reduzieren und zu erweitern." Er nennt dafür Beispiele: „der Wolf im Schafspelz", „der geordnete Rückzug". Der österreichische Mediator Ed Watzke geht in seinem Buch sogar noch weiter: „Wahrscheinlich hat diese Geschichte gar nichts mit Ihnen zu tun… Geschichten, Metaphern, Sprüche und Aphorismen in der Mediation" (siehe dazu im Kapitel 5). Er nennt diese Methode die „Metapherbrücke". Mit deren Hilfe will er „aus dem Kriegskontext in den Friedenskontext" überleiten.

Klärung können oft Betriebs- und Personalräte bringen; nicht selten schaffen sie es aber aus verschiedenen Gründen nicht, etwa wenn der Arbeitgeber sein Unternehmen als „betriebsratsverseucht" bezeichnet (Unwort des Jahres 2009). Und viele Betriebe und Unternehmen haben gar keine Arbeitnehmervertretung. Dann kann insbesondere eine strukturierte Streitschlichtung unter der Moderation eines neutralen Dritten innerbetrieblich helfen. Ich habe deshalb die Fallbeispiele, die meistens nur einen Ausschnitt einer oft längeren Leidensgeschichte zeigen, auch unter der Fragestellung betrachtet, ob eine Mediation eine wirksame Hilfe sein kann (siehe Kapitel 17).
Bücher über Mobbing gibt es mittlerweile eine ganze Menge. Auf eine Zusammenstellung von Titeln habe ich verzichtet, weil man diese an anderen Stellen leicht findet. Eines muss ich allerdings nennen, nämlich das Mobbing-Buch von Heinz Leymann, bereits aus dem Jahr 1993 [14] Leymann gilt als Begründer und Altvater der Mobbing-Forschung und -Publikation in Schweden und Deutschland. Seitdem hat sich hier

zwar viel geändert, aber Mobbing-Handlungen nehmen immer noch zu. Warum das leider so ist, kann letztlich wohl nicht geklärt werden, aber ich werde einzelne Anhaltspunkte benennen.

Ein Buch muss die Axt sein für das gefrorene Meer in uns. Wenn dieses Zitat von Franz Kafka[15] auf die folgenden Ausführungen auch nur ansatz- oder teilweise zutrifft, was jede/r Leser/in selbst entscheidet, hat sich dieses Buch gelohnt.

2. Bestandsaufnahme

*Behandle deine Untertanen gut,
denn nur zu ihrem Glück sind Herrscher da.*
Napoleon Bonaparte

In einem großen Lexikon heißt es über den französischen Kaiser Napoleon: „Er besaß schärfsten Intellekt, unermüdliche Arbeitskraft, brennenden Ehrgeiz, unbeirrbares Selbstvertrauen, unbeugsamen Willen und dämonische Leidenschaft." Die Rücksichtslosigkeit seiner kriegerischen Politik trieb ihn zur Eroberung des ganzen Kontinents. Der Preis: hunderttausende von (Soldaten-) Leichen, Witwen, Waisen... Napoleon war ein Meister der Perfidie. Als Perfidie beziehungsweise mit dem davon abgeleiteten Adjektiv perfide werden Handlungen einer Person oder Personengruppe bezeichnet, die vorsätzlich das Vertrauen oder die Loyalität einer anderen Person oder Personengruppe ausnutzen, um beispielsweise in geschäftlichen Beziehungen oder in militärischen Auseinandersetzungen einen Vorteil zu erlangen Ein veraltetes deutsches Wort für Perfidie ist Niederträchtigkeit [16].
Der Napoleon-Komplex: zu klein geratene Menschen neigen zu übertriebenem Machtgehabe. Napoleons oben zitierte Äußerung kann man rückblickend nur als zynisch bewerten! Aber es bleibt dennoch ein weiser Spruch - ins Stammbuch von Vorgesetzten zu schreiben (und nicht ins Poesiealbum). Weiteres zum Thema Vorgesetzte – siehe Kapitel 11.

Viele empfinden ihre Arbeit als Tretmühle [17], die sich immer schneller dreht, monoton, ohne lebendige Kooperation. „Unsere moderne Welt, wird uns - durch ihre wachsende Veraltungsgeschwindigkeit - immer schneller immer mehr fremd. ... Umso nötiger wird der groteske Humor." [18] Der Humor ist aber dem Schnodderton oder gar dem Spott gewichen.
Das sind einige der Gründe, warum das Arbeitsklima in vielen Betrieben und Unternehmen in Deutschland spürbar schlechter geworden ist und warum nach einer Studie [19] 15 Prozent der Deutschen ihre Work-Life-Balance (ausgewogenes Lebensgefühl) als schlecht bis sehr schlecht bezeichnen.
„Der Stresslevel ist in sehr vielen Unternehmen stark gestiegen. Ursache ist zum einen, dass die Personaldecke dünner wird, dass sich die Arbeit auf

weniger Mitarbeiter verteilt, denen weniger Zeit zur Verfügung steht. Die zweite Ursache – und die ist neu – ist ein Klima permanenter Bewährung. Viele Unternehmen vermitteln ihren Mitarbeitern: Du musst jeden Tag durch überdurchschnittliche Leistung beweisen, dass du ein Recht hast dazuzugehören." So ganz treffend der Münchner Soziologe Dr. Andreas Boes. [20]

Früher gab es für die Mitarbeiterschaft in kleineren und größeren Betrieben den Ausdruck „Werksfamilie" und ein entsprechendes Wir-Gefühl, ein Wissen um die Zusammengehörigkeit. Heute scheint diese Bezeichnung ein Fremdwort geworden zu sein, genauso das Wort „Dienstgemeinschaft", das in den Leitlinien von Kirchen, Diakonie und Caritas verwendet wird. Genützt hat das offenbar nicht viel, denn Untersuchungen haben ergeben, dass in der Kirche häufiger gemobbt wird als in der freien Wirtschaft [21]

Schon 1999 gaben A. Bittler und N. Copray ihr Büchlein „Mobbing und Missbrauch in der Kirche" heraus, Publik-Forum Verlagsgesellschaft Oberursel. Darin Paul Gärtner (S. 33): „(Kirchlicher) Gehorsam kann nur Antwort sein auf das entgegengebrachte Vertrauen."
Rund 10 Prozent der kirchlichen Mitarbeiter, darunter 500 Pfarrer, fühlen sich als Mobbing-Opfer [22], also zwei bis drei Prozent mehr als insgesamt bundesweit. „Die drei typischen kirchlichen Formen des Mobbings sind das anonyme Mobbing, das Moral-Mobbing und das Pastoral-Mobbing." So hieß es bereits im August 1997 in „Psychologie heute" von einem Insider. Ein besonderes Beispiel brachte die „Frankfurter Rundschau" am 26.5.1999: „Mitarbeiter mobbten Chefin nach 30 Dienstjahren aus dem Job. Leiterin des evangelischen Kindergartens Neu-Anspach gibt ihren Beruf auf – und lässt sich auf Kirchenkosten zur Mobbing-Beraterin ausbilden." Und wie bei den sexuellen Missbrauchsfällen wird auch bei Mobbing-Konflikten von manchen Kirchenverantwortlichen teils in Einzelfällen, teils systematisch vertuscht – wodurch die Betroffenen ein zweites Mal zum Opfer werden!
Hochrisikobereiche für Gesundheit und Wohlbefinden sind ferner [23]: das Sozial- und Gesundheitswesen (insbesondere Ärzte und Pflegepersonal), die Öffentliche Verwaltung, die Telekommunikation, das Verkehrswesen, die Bildungs- und Erziehungsorganisationen. In der Bau- und Metallindustrie scheint sich die Situation verbessert zu haben. Überhaupt haben sich offenbar die Zahlen der Statistiken über

Mobbing etwa gegenüber den Forschungen von Leymann in den 80er Jahren verschoben.

Haben Industrie und Wirtschaft schneller als andere Bereiche gelernt und frühzeitiger Präventivmaßnahmen ergriffen? In einigen Unternehmen gibt es bereits positive Ansätze für Veränderungen: So wollen einige Genossenschaftsbanken auf Produktziele für ihre Mitarbeiter verzichten. Denn die Bankberater seien bisher in einem Hamsterrad, immer mehr verkaufen zu müssen, auch wenn sie inhaltlich nicht von allen Produkten überzeugt seien. Die Zahl der Burnout-Erkrankungen habe in der Branche enorm zugenommen. Aufgrund der allgemeinen Vertrauenskrise der Banken bedeute nun dieser Verzicht und das Verbot, im ersten Beratungsgespräch Produkte zu verkaufen, eine „genossenschaftliche Kulturrevolution". Nach einem halben Jahr Erfahrung sagte ein Bankensprecher: „Wir haben keine Delle." Eine Bank habe gar ganz auf eine leistungsorientierte Vergütung verzichtet und ziehe dennoch eine positive Zahlen-Bilanz.

Was ist Mobbing? Betroffene verwenden dieses aus dem Englischen stammende Wort für anpöbeln bisweilen undifferenziert für alles, was ihnen durch negatives Verhalten von Vorgesetzte oder Kollegen das Leben und Arbeiten schwer macht. Juristen, Ärzte, Psychologen und Therapeuten haben unterschiedliche Definitionen gefunden, um das Phänomen einzugrenzen. Den Definitionenstreit kann man an anderen Stellen nachlesen, ebenso wie die Beschreibung der vier oder fünf Mobbing-Phasen und deren Abgrenzungen. Für die Beratung wie für das Konfliktmanagement scheint mir das nicht von zentraler Bedeutung zu sein. Betroffenen rate ich, das Wort Mobbing im Betrieb, insbesondere gegenüber Vorgesetzten nicht zu verwenden, sondern die Aussagen, Handlungen und Gesten zu beschreiben und zu sagen, warum sie sich verletzt fühlen und dass sie dadurch demotiviert und krank geworden sind.

Auf die Frage, was sich die Deutschen für das Jahr 2010 vorgenommen haben, antworteten zuerst und mit 59 Prozent: Stress vermeiden oder abbauen [24]. Die Deutschen sind laut mehrerer Umfragen tatsächlich „Europameister im Sorgenmachen", wobei die verbreitetste Sorge den Entwicklungen am Arbeitsmarkt gilt; zwei Drittel der Deutschen sehen und benennen dieses Problem – neun Prozent mehr als im Vorjahr [25].

Auf die konkretere Frage, was ausschlaggebende Gründe dafür wären, den derzeitigen Arbeitgeber zu wechseln, haben 46 Prozent, also fast die Hälfte der befragten Erwerbstätigen angegeben: „Probleme mit Vorgesetzten und Kollegen". Die Schätzungen, wie viele Beschäftigte tatsächlich Mobbing-Opfer sind oder waren, bewegen sich zwischen drei und acht Prozent, das sind zwischen einer Million und fünf Millionen Arbeitnehmer/innen in Deutschland. Anders ausgedrückt: Etwa jeder neunte Arbeitnehmer ist mindestens einmal in seinem Arbeitsleben von Mobbing betroffen [26].

Im Roman „Heliopolis", 1949 erschienen, beschrieb der Schriftsteller und Philosoph Ernst Jünger (1895-1998) ein fiktives technisches Gerät, den „Phonophor", (griechisch „Schallträger" oder „Allsprecher"), ein Empfangs- und Sendegerät im Westentaschenformat. Das Gerät ist einem heutigen Mobiltelefon ähnlich und sollte auch Eigenschaften wie das heutige Internet haben. Die Beschlagnahme des persönlichen Phonophors sollte dem „früheren Entzug der bürgerlichen Ehrenrechte" entsprechen. Jünger meinte, und das vor mehr als 60 Jahren: *„Wir stehen vor der Wahl, in die Dämonenreiche einzutreten oder uns auf die geschwächte Domäne des Menschlichen zurück zu ziehen."*

Eine repräsentative Umfrage der ARIS-Umfrageforschung ergab, dass zwei Drittel der Berufstätigen in Deutschland außerhalb ihrer regulären Arbeitszeiten für Kunden, Kollegen und Vorgesetzte per Internet oder Handy erreichbar seien, ein Drittel sogar auch am Abend oder am Wochenende. Nach einer StepStone-Umfrage seien 61 Prozent der Fach- und Führungskräfte in ihrem Sommerurlaub für ihren Vorgesetzten erreichbar. „Die neuen Kommunikationsmittel bringen es mit sich, dass die Grenzen zwischen Arbeit und Freizeit immer mehr verschwimmen."

Die Deutsche Telekom will, weil sie das gemerkt hat, das Leben ihrer Beschäftigten entschleunigen: „Wir haben beschlossen, dass Mitarbeiter E-Mails am Wochenende nicht beantworten müssen - außer in Not- und Krisensituationen. Das Unternehmen kann und soll nicht komplett über die Zeit der Menschen verfügen", sagte Personalvorstand Thomas Sattelberger kürzlich dem Handelsblatt.[27] Das sollte ein Vorbild für andere Unternehmen sein, die die Zeit ihrer Mitarbeiter missbrauchen.

Eine solche Grenzverwischung gibt es übrigens auch bezüglich der Sonn- und Feiertage: Der Sonntagsschutz ist in den letzten zwei Jahrzehnten etwa durch Einführung und Ausweitung der verkaufsoffenen Sonntage erheblich durchlöchert und sieht aus wie ein Schweizer Käse... Es bedarf deshalb klarer Regeln zwischen Arbeitgebern und Mitarbeitenden zusätzlich zu denen für (Ruf-) Bereitschaftsdienste. Und dass zu viele „normale" Überstunden (herz-)krank machen, ist inzwischen wissenschaftlich belegt.

„Work-life-balance" sagen die Amerikaner und meinen, dass Arbeit („work") und Freizeit („life") in einem angemessenen Verhältnis zueinander stehen sollen. Das Wort „life" gefällt mir dabei gar nicht – als ob nur die Freizeit „Leben" sei und die Arbeit nicht. Ein „Leben um zu arbeiten" ist genauso falsch wie ein „Arbeiten um zu leben".

Ein Unbekannter beschreibt seinen Alptraum im 21. Jahrhundert: „Keiner hat mehr meine E-Mail-Adresse und meine Handy-Nummer gespeichert, alle haben sie mich aus den Internet-Netzwerken gelöscht – ich bin erledigt!" Die Frage ist: Wie könnte ein solcher Mensch, der so abhängig von den modernen Kommunikationsmitteln ist, seine neu gewonnene Freiheit sinnvoll nutzen?

Und es soll mal einen Angestellten gegeben haben, der am Wochenende von seinem Black-Berry eine Mail von seiner privaten Adresse an seine Firmenadresse schickte und von dort durch eine automatische Rückantwort mitgeteilt bekam, dass er nicht mehr für diese Firma arbeite...

Und wer früher einmal eine traumatische Situation erlebt hat, etwa einen schweren Verkehrsunfall, den plötzlicher Verlust eines Angehörigen, eine strittige Scheidung, einen körperlichen Angriff, der hat es als Mobbing-Betroffener besonders schwer: Die Erinnerung an das frühere Schicksal taucht wieder auf, lässt die vernarbt geglaubte Wunde wieder aufbrechen, verstärkt das Gefühl der Unsicherheit und führt zu (erneuten) Schlafproblemen, Albträumen, Reizbarkeit und Konzentrationsschwierigkeiten [28].

„Wenn man gemobbt wird, fühlt man sich so motivations- und kraftlos und sieht keine Möglichkeit etwas zu verändern. Der Schritt zu sagen, ich suche mir eine neue Arbeit und freue mich darauf, scheint ganz weit weg. Ich wollte auch gar nicht gehen, sondern mich lieber mit meinem Chef weiter streiten und ihm mit einem Anwalt das Leben zur Hölle machen. Wenn man gemobbt wird, ist der erste Schritt, überhaupt darüber zu reden und sich nicht zu schä-

men. Mir war es auch irgendwie peinlich, überhaupt in so eine Situation zu kommen, ich wollte nicht als ´Systemverliererin´ dastehen. Ich glaube, es gibt sehr viele Menschen die einem helfen, man muss nur den Mut aufbringen zu reden. Mir hat es dann auch Spaß gemacht, mich zu bewerben. Letztendlich hatte ich vier Zusagen im sozialen Bereich. Der Vorteil von Gemobbten ist, dass man gelernt hat, viel einzustecken. Deshalb haben mich die 30 Absagen auch nicht weiter belastet."
So schrieb mir eine jüngere Frau, die schließlich selbst gekündigt hatte und nun eine neue Stelle gefunden hat. Ihre Rückenschmerzen, Migräne und Magen- Darmprobleme, typische Krankheiten bei Mobbing, seien weitgehend verschwunden.

Mit einem Ohr hörte ich einen Satz am Nachbartisch im Restaurant, offenbar von einer Ärztin oder Arzthelferin: „Viele Ärzte mutmaßen schon über die Probleme des nächsten Patienten: „Mobbing oder Burnout?" – Eine Psychotherapeutin hält die Situation für ziemlich desolat, nicht nur weil es lange Wartezeiten gibt, sondern auch weil viele Ärzte und Psychologen nicht ausreichend für die Behandlung psychosomatischer Leiden geschult seien.[29]

Das zeigt etwa der letzte Satz aus einem ziemlich kurzen ärztlichen Entlassungsbericht einer Rehaklinik: „Die Patientin hat ein dysfunktionales kognitives Schema, das auf einer eher eindimensionalen Täter-Opfer-Sichtweise mit Neigung zu externaler Attribution beruht." Ich habe diese Frau kennen gelernt. Sie erzählte mir, was sie alles von Kollegen und Vorgesetzten an Schikanen erleiden musste. Da ist es nur allzu verständlich, wenn sie die Ursache, ja die Schuld für ihre Misere in deren Verhalten sieht. In diesem Entlassungsbericht stand nichts darüber, ob und wenn ja, wie etwaige Eigenanteile bearbeitet und ihr Selbstbewusstsein gestärkt wurden. Schade!

Mobbing-Fall 1:

Reibungen erzeugen Wärme, Reibereien Hitze.
Ernst Reinhardt [30]

Ein Mann, 38, verheiratet, ein Kind, seine Frau ist mit dem zweiten schwanger, ist studierter Sozialpädagoge, arbeitet aber seit neun Jahren in Glasereien, seit zwei Jahren als Vorarbeiter in einer Großglaserei. Er ist stark, geschickt und fleißig. Die Firma, geführt von den beiden Inhabern, hatte einmal 125 Mitarbeiter, davon 20 in der Verwaltung, jetzt sind es nur noch 80, wobei nur in der Produktion reduziert wurde. Es wird jetzt die gleiche Leistung von ihnen gefordert. Das heißt: Überstunden sind an der Tagesordnung. Und es gibt Gerüchte über weitere Stellenreduzierungen. Manchmal wird er vom Geschäftsführer gezwungen, an einer Maschine nur einen Mann einzusetzen, obwohl aus Sicherheitsgründen zwei vorgeschrieben sind. Seine wöchentliche Arbeitszeit bewegt sich zwischen 50 und 70 Stunden. Alle mussten unterschreiben, dass sie mit der Kürzung der täglichen Pause von 30 auf 20 Minuten einverstanden sind, obwohl eine halbe Stunde gesetzlich vorgeschrieben ist. Es gibt Urlaubssperren. Ein Betriebsrat ist nicht vorhanden.

Der Juniorchef, ca. 30 Jahre jung, verlangt von ihm, einen von seinen vier Untergebenen „rauszubringen", dafür werde er zehn Prozent mehr Gehalt erhalten. Man wolle nächstes Jahr mehr billigere Leiharbeiter beschäftigen.
Er selbst wurde mündlich verwarnt, er solle „nicht so viele Krankenscheine machen". In 2009 waren es aber nur zwei kürzere Arbeitsunfähigkeitszeiten, eine davon aufgrund eines Arbeitsunfalls (eineinhalb Wochen).
Die vorgeschriebene Schutzausrüstung wird versagt oder rationiert: Für die fünfköpfige Arbeitsgruppe gibt es nur zwei Schutzhelme, die auch noch eingeschlossen sind, weil der Chef Angst hat, sie könnten geklaut werden. Die Schutzhandschuhe gegen Schnitte durch das messerscharfe Glas sind Verbrauchsgüter, weil täglich und bei Bedarf neue angezogen werden müssen. Die vom Chef herausgegebene Menge reicht aber nicht für den Wochenbedarf.

Dass sich die Arbeiter solidarisieren, gelingt nicht, weil alle Angst haben. Die meisten Kollegen sind über 50 Jahre alt und sehen keine Alternative auf dem Arbeitsmarkt.
Er selbst versucht seit Monaten, sich weg zu bewerben. Mittlerweile hat er Schlafprobleme, einen Reizdarm. Seine Familie ist stark mitbelastet, zumal seine Frau keinen Führerschein hat und er deshalb seinen Sohn z.B. zum Arzt fahren muss. Schon länger hat er den Wunsch, „den Büttel einfach hinzuwerfen", also selbst zu kündigen, hat es aber wegen der dann nach seiner Vermutung eintretenden Sperrfrist für das Arbeitslosengeld und mit Rücksicht auf die Absicherung seiner Familie nicht getan.
Eine stationäre Rehabilitationsmaßnahme scheidet für ihn aus, weil er seine Familie nicht allein lassen kann.
Er hat Angst, dass er es negativ zu spüren bekommt, wenn er die zuständige Berufsgenossenschaft (für Glas und Keramik) einschaltet. Ein Mobbing-Tagebuch hat er noch nicht angefangen. Weil er nicht in einer Gewerkschaft ist, kann er auch nicht zum DGB-Rechtsschutzbüro, um sich dort beraten zu lassen. Zu sportlichen Aktivitäten hat er derzeit keine Lust. Seine Motivation und Loyalität sind auf einen Tiefpunkt gesunken.

Impulse:
Dieser Fall ist zunächst eine Sache von Berufsgenossenschaft und Gewerbeaufsichtsamt! Hier werden Arbeitnehmerschutzrechte massiv ausgehöhlt und missachtet. Man glaubt kaum, dass es heute noch solche Sklavenhalter gibt.
Zunächst habe ich ihm dringend geraten, in einer solchen schon länger anhaltenden Belastungssituation für ausreichende körperliche Bewegung zu sorgen, egal ob Joggen, Schwimmen oder Radfahren, damit er wenigstens einen Teil seines Stresses abbaut, dadurch besser schläft und auch seine Verdauung verbessert. Eine stationäre Reha in einer geeigneten Fachklinik wäre natürlich noch effektiver.
Leider ist es auch so, dass der (Ehe-)Partner ebenfalls schnell an Belastungsgrenzen kommt. Er muss also darauf achten, seiner Frau nicht zuviel aufzuladen, sprich: ihr nicht alle Details seines Arbeitsalltages zu erzählen, zumal sie aufgrund ihrer Schwangerschaft besonderer Schonung bedarf. Ist die „Work-life-balance" schon in punkto Arbeit heftig ins Trudeln gekommen, muss man in punkto Freizeit und pri-

vate Beziehungen besonders darauf achten, dass diese nicht zu sehr in Mitleidenschaft gezogen werden. Und wie?
Er braucht also andere Gesprächspartner vor Ort, und zwar zum einen professioneller Art, sei es einen erfahrenen Mobbing-Berater oder einen Psychotherapeuten, der sich mit solchen Problemen auskennt, zum anderen eine Selbsthilfegruppe unter kundiger Leitung zum weiteren Austausch. Auch ein Seelsorger kann auf seine Weise einen guten Dienst tun.

Ein Mobbing-Tagebuch hat zwei Aspekte bzw. Effekte: Einerseits bekommt er somit eine Dokumentation, die er vielleicht sogar für einen Arbeitsgerichtsprozess benötigt. Denn das Gedächtnis lügt zuweilen. Andererseits kann er durch das Aufschreiben das Kreisen der Gedanken wenigstens zum Teil begrenzen, das Hamsterrad in seinem Kopf, die innere Abwärtsspirale phasenweise zum Stillstand bringen. Für etliche gibt es tatsächlich die reinigende und heilsame Kraft des geschriebenen Wortes. Ehe er sich vollends kaputt macht, muss er seine Bewerbungsaktivitäten intensivieren, vielleicht sogar sich beruflich neu orientieren. Ein guter Arbeitsberater der Agentur für Arbeit könnte ihn dabei unterstützen. Dort könnte er auch die Frage klären, unter welchen Umständen die Verhängung einer Sperrfrist vermeidbar ist. Oft wird ein ärztliches Kurzgutachten akzeptiert, das den Zusammenhang von beruflichem Konflikt und der Erkrankung aufzeigt. Jedenfalls muss er - je früher, desto besser - aus dem jetzigen Arbeitsverhältnis raus. Beschwerderecht, Leistungsverweigerungsrecht, Unterlassungsanspruch, Schadensersatz: Das sind durch Gesetz und Rechtsprechung gesicherte Ansprüche. Hierfür braucht er aber, zumal bei diesem unverschämten Arbeitgeber, rechtskundige Begleitung vor Ort.
Für seine nähere Zukunft muss er sich zwischen drei Alternativen entscheiden [31]:
Erstens kämpfen: Das braucht sehr viel Energie. Möglichst viele Mitstreiter wären nötig.
Zweitens standhalten: Das hat auf Dauer noch kaum jemand geschafft. Seine bereits schon angeschlagene Gesundheit würde noch mehr leiden. Die klinischen Fachleute wissen, dass aus den vereinzelten, eher unspezifischen Stress-Symptomen nach etwa einem halben Jahr mit anhaltendem Mobbing ein chronisches, manifestes psychisches bzw. psychosomatisches Problem erwächst.

Drittens flüchten: Aus meiner Sicht wäre das in diesem gravierenden Fall die einzig richtige Option. Möge es ihm gelingen!

Zu viel Stress im Job, schlechte Bezahlung und wenig Lob machen nach einer Analyse der Bundespsychotherapeutenkammer immer mehr Menschen in Deutschland psychisch krank, bis zum Burnout (Ausgebranntsein). Bereits elf Prozent aller Fehltage gingen auf das Konto psychischer Erkrankungen, teilte die Vereinigung in Berlin mit. Damit habe sich die Zahl solcher Krankschreibungen seit Mitte der 90er Jahre fast verdoppelt. Für ihre Analyse hatte die Kammer Daten gesetzlicher Krankenkassen ausgewertet. Die Behandlungskosten allein für depressive Störungen lägen inzwischen bei mehr als vier Milliarden Euro im Jahr. Laut Statistischem Bundesamt verursachten (alle) psychischen Störungen im Jahr 2008 Krankheitskosten in Höhe von 28,7 Milliarden Euro. Die Barmer GEK Krankenkasse ermittelte für das Jahr 2009, dass der Anteil der psychischen Erkrankungen an der Arbeitsunfähigkeit bei knapp 17 Prozent liege.

Besonders häufig betroffen von psychischen Erkrankungen seien Frauen. Männer flüchteten sich bei zu starken psychischen Belastungen oft in eine Sucht, zum Beispiel Alkohol, und gelangen so (früher) in eine Erwerbsunfähigkeit. Für die Beamten in Baden-Württemberg ergab eine Untersuchung, dass in 58 Prozent der Fälle psychische und psychosomatische Erkrankungen die Hauptursache für die Dienstunfähigkeit sind. Jeder zehnte Beamte wird vorzeitig pensioniert. Nicht untersucht worden war der Anteil der Erkrankungen, die auf Konflikte im Dienst zurückzuführen sind [32].

Als eine Ursache für die langen Fehlzeiten sehen Psychotherapeuten die wachsenden Anforderungen im Job. Besonders häufig führe eine Vielzahl verantwortlicher Aufgaben unter Zeitdruck, aber mit geringem Einfluss auf die Arbeit zu psychischer Belastung. Beschwerden häuften sich, wenn dazu noch schlechter Lohn, wenig Anerkennung für die Arbeit, kaum persönliche Wertschätzung und minimale Aufstiegschancen kämen. Solche Belastungen bringe vor allem der Dienstleistungssektor inklusive der vielen Pflegejobs mit sich.

Psychische Leiden könnten aber auch Menschen treffen, die in ihrem Job mit vielen unkalkulierbaren und negativen Erlebnissen zu tun haben. Als Beispiel wurde eine Telefonistin genannt, die sich im Minutentakt mit unzufriedenen Kunden auseinandersetzt. Nicht weniger

belastend für die Seele ist es der Analyse nach, gar keinen Job zu haben - oder ständig um den Arbeitsplatz fürchten zu müssen.
Auffällig waren die Unterschiede zwischen Ost und West sowie Stadt und Land. So werden in Ostdeutschland deutlich weniger psychische Erkrankungen diagnostiziert als im Westen. Berlin und Hamburg weisen die höchsten Werte auf, während ländliche Gebiete trotz oft hoher Arbeitslosigkeit deutlich weniger Fälle melden [33].
Wenig Anerkennung? Da sagte ein Trainer und Coach für Führungskräfte in einer Fernsehsendung kategorisch [34]: „Mitarbeiter brauchen kein Lob." Ich halte das für total falsch, weil gegen alle pädagogische Erkenntnis, und meine: Das Verhältnis von Lob und Tadel ist in vielen Unternehmen aus dem Gleichgewicht geraten – falls es überhaupt je in einer Balance war: „Net g'schimpft is g'lobt g'nug." sagt ein schwäbisches Sprichwort (meinetwegen auch in der badischen Form „Net g'scholte..."). Die vielen Überstunden bleiben ohne Lob oder gar Ausgleich, oft gibt es nur Mindestlöhne...

„Warum sind die Menschen mit ihrem Lob so knauserig? Ich habe den Verdacht, dass sie prinzipiell knauserig sind. Sie wollen Ihre Gefühle für sich behalten. Sie haben Angst, sonst vor die Hunde zu gehen. Zu verarmen, wenn sie ein bißchen ihrer Wärme abgeben. Sie fürchten sich, einen Irrtum zu begehen. Den Falschen zu loben. Darum sind sie so vorsichtig und rühmen erst, wenn man nichts mehr riskieren muß. Wenn es für den zu Lobenden zu spät und nicht mehr nötig ist. Man sagt, ... viele seien an Hunger gestorben und an Schwindsucht. Ich bin überzeugt, es ist schlimmer. Sie gingen an Auszehrung zugrunde. Am Defizit der seelischen Bilanz. Am Gefühlsgeiz ihrer Mitmenschen." Treffender als André Kaminski [35] hätte ich es nicht ausdrücken können.

Insbesondere durch eine solche negative Lob-und-Tadel-Bilanz erreichen viele Arbeitnehmer, nämlich 63 Prozent, nicht ihre volle Leistung im Job. Das ergab eine Umfrage des Meinungsforschungs-instituts Forsa. Beispiel: Der Deutsche Evangelische Küsterbund fordert für die rund 5000 Küster mehr Anerkennung. Dann würden diese die vielfältigen Aufgaben etwa bei den Amtshandlungen der Pfarrer besser wahrnehmen können [36]. Für alle Unternehmen bedeuten die geringeren Leistungen eine Einbuße bzw. Kosten in Höhe von 262 Milliarden Euro pro Jahr, wie das Hamburgische Weltwirtschaftsinstitut HWWI ausrechnete [37].

3. Schatten des Arbeitslebens

Was Sie sehen, ist nur die Maske, die ich mit so viel Geschick trage.
Umbra vitae (Schatten des Lebens) ist der Titel eines
Gedichtes aus dem Jahr 1911 von Georg Heym (1887-1912),
aus dem diese Zeile stammt.

Jeder Mensch hat auch seine moralische 'backside´,
die er nicht ohne Not zeigt und die er so lange
als möglich mit den Hosen des guten Anstandes zudeckt.
Georg Christoph Lichtenberg (1742-1799)

Diese beiden alten Zitate mögen belegen, dass es auch eine Nachtseite des Menschen gibt, den dunklen, triebhaften Drang, etwas Negatives zu sagen oder zu tun. Der Psychologe C. G. Jung hat die unbewusste und verdrängte Kehrseite der positiven Persönlichkeitsanteile „Schatten" genannt. Wir haben Angst, von den Menschen in unserer Umgebung abgelehnt zu werden, übertragen unsere Schattenanteile auf andere, machen sie zum Sündenbock für unsere Fehler. So entstehen Vorurteile, Ausländerfeindlichkeit und eben auch Mobbing.
„*Die Auseinandersetzung mit dem eigenen Schatten und seine Integration in unsere Gesamtpersönlichkeit ist daher eine der zentralen Aufgaben des menschlichen Reifeprozesses und stellt einen unabdingbaren Schritt auf dem Weg zur Ganzwerdung dar.*" So die Karlsruher Dozentin Silvia Richter-Kaupp.
Für einen Berater ist es allerdings eine besondere und seltene Situation zu erleben, dass ein Mobbing-Opfer über seinen Schatten springen konnte, sei es, dass es bewusst aus der Kampf-Situation aussteigt, sei es, dass es – auch ohne Entschuldigung des Mobbers – ihm zu-mindest innerlich verzeiht.

Mobbing-Fall 2:

Und wie er das sagt, leise, mit unbewegtem Gesicht und trübem Blick,
weiß ich plötzlich, von welcher Art seine Traurigkeit ist, weiß es von
innen her, als hätte ich sie selbst schon einmal erlebt. Es ist die Trauer
um eine Hoffnung, die allmählich erlischt und mit ihrem Erlöschen die
Menschen, die sie getragen haben, voneinander entfernt. Solange sie

gemeinsam an eine gute Sache glaubten und für sie arbeiteten, bestand zwischen ihnen eine besondere Art von Freundschaft, die, unabhängig von persönlichen Sympathien, Störungen überwand und Kraftreserven erschloss, die nun versiegen. In dem kalten Licht, das die schwindende Hoffnung hinterlässt, entdecken sie, dass sie wenig gemeinsam haben. Differenzen, Schuldzuweisungen zerstören die Erinnerung an das, was sie einmal verband. Es wird kälter in der Welt.
Ruth Rehmann [38]

Seit sie dem Chef eines kleinen Betriebes mitgeteilt hat, dass sie schwanger ist, kritisiert er sie, sie schummele mit den Arbeitsstunden, Unterlagen habe sie verschlampert. Dann spricht er nicht mehr mit ihr und schickt seinen Mitarbeiter zu ihr. Nach draußen redet er aber schlecht über sie. Einen Satz sagt er doch zu ihr: „Hast du eigentlich gewusst, dass Schwangere unattraktiv werden?" Schon sieben Wochen vor ihrem Mutterschutz hat er eine Vertretungskraft angestellt, obwohl keine längere Einarbeitung nötig ist und die Arbeit schon für eine zu wenig ist.

Impulse:
Die schwangere Arbeitnehmerin hat ein Beschwerde- und ein Unterlassungsrecht, deren Geltendmachung hier aber wohl ins Leere laufen würde. Sie kann aber ihre Arbeitsleistung einstellen, ohne den Anspruch auf Entgelt zu verlieren. Dazu muss sie aber den Arbeitgeber auf die (Vertrags-)Verletzung hingewiesen und eine angemessene Abhilfefrist eingeräumt haben. Auch dieses Recht geltend zu machen würde von ihr (zu) viel Kraft erfordern.
Sie kann sich wahrscheinlich eher auf ein gesetzliches Beschäftigungsverbot nach § 3 Mutterschutzgesetz stützen, weil von Arztseite angenommen werden kann, dass Leben oder Gesundheit der Schwangeren oder ihres Kindes gefährdet sind, so auch vom Bundesarbeitsgericht bestätigt (BAG 5 AZR 325/99).

Eine ärztliche Bescheinigung könnte etwa so lauten:
Frau X. kann ihre berufliche Tätigkeit wegen Gefährdung von Leben und/oder Gesundheit von Mutter und Kind nicht ausüben. Ein Beschäftigungsverbot gemäß § 3 Abs. 1 Mutterschutzgesetz ist daher medizinisch notwendig. Es wird für den folgenden Zeitraum ausgesprochen: vom .. .. .. bis zum Beginn

des Mutterschutzes. Datum, Stempel und Unterschrift des Arztes/der Ärztin.
Dazu gibt es im Internet ein ausführliches Merkblatt [39]. Es enthält auch Angaben über Lohnfortzahlung für die Schwangere sowie über Kosten und Erstattung der Krankenkasse an den Arbeitgeber.

Ein weiteres Phänomen ist in diesem Zusammenhang das „Mütter-Mobbing": „Besser, du kommst nicht aus der Elternzeit zurück!" Da kann es passieren, dass die Arbeitsorganisation oder die Arbeitszeit so gestaltet wird, dass Mütter gezwungen sind, ihren Arbeitsplatz zu wechseln oder ganz aufzuhören. Denn statt wie vor der Elternzeit um 8 Uhr nun um 6.30 Uhr anzufangen, ist für eine Mutter, die ihr Kind zum Kindergarten bringen muss, nicht möglich. Das Landesarbeitsgericht Nürnberg machte die willkürliche Arbeitszeitänderung in diesem Fall rückgängig.[40]

Mobbing-Fall 3:

Wenn einem die 480 Minuten eines achtstündigen Arbeitstages
ohne besonderen Ärger vergehen,
so lässt sich von einem glücklichen Tage sprechen.
Nach Theodor Fontane [41]

Wenn sie den Raum betritt und grüßt, wird der Gruß nicht erwidert, die Gespräche der Kolleginnen verstummen. Bei Sitzungen bleiben die beiden Stühle rechts und links neben ihr immer frei. Ihr Dialekt wird kritisiert, sie spricht Rheinisch „statt" Badisch. Als sie mal wieder abends Überstunden macht, fragt sie der Werksleiter: „Was machen Sie denn noch hier? Werden Sie zuhause geschlagen?"

Impulse:
Eine solche Äußerung ist, selbst wenn sie ironisch gemeint ist, einfach eine Frechheit! Beschwerden, Unterlassungsansprüche würden hier wahrscheinlich kaum helfen. M. E. ist dies ein für eine Mediation im Betrieb geeigneter Konflikt. Eine mit Hilfe des Mediators gemeinsam erarbeitete Vereinbarung könnte zu einer normalen Kollegialität (zurück-)führen und das Klima verbessern, und zwar nachhaltig, wenn zugleich eine Einhaltungskontrolle vorgesehen wird.

„'Der werd' ischs zaische, die mach' isch feadisch!' Sehr gern benutzt sie das Hessische, um jemanden richtig fertig zu machen." So beschreibt Walter E. Richartz eine unkollegiale Angestellte[42]. Das Wort „kollegial" bedeutet übrigens laut dem Duden-Herkunftswörterbuch „amtsbrüderlich, einträchtig, hilfsbereit" – Eigenschaften, die wiederbelebt werden sollten, damit es nicht immer wieder zu einer „inoffiziellen Personalarbeit" kommt, also zu einem Herausdrängen des „Störenfriedes" aus der Abteilung oder ganz aus der Firma, ohne Abmahnung und Arbeitgeberkündigung! Menschen sind ins Abseits gedrängt worden, ehe es die Personalabteilung mitbekommt und ehe der Betriebsrat es sieht oder sehen will.

Warum mobben eigentlich Menschen? Warum diskriminieren sie andere im Unternehmen? Darüber existieren meines Wissens keinerlei Statistiken. Weil es auch keine direkten Befragungen von Mobbing-Tätern gibt. Und wer würde da schon ehrlich antworten? Es gibt lediglich Erfahrungswerte und Anhaltspunkte aus den Schilderungen der Opfer. Nämlich: weil die Täter Kontrolle, Macht ausüben, sich durchsetzen wollen; weil sie sich selbst bedroht fühlen, Angst um ihre Position haben, Angst vor dem Fremden; weil sie sich unterlegen fühlen; weil sie neidisch auf den Erfolg des/der anderen, auf dessen/deren Aussehen, Sportlichkeit, Zufriedenheit sind; weil sie selbst z. B. private Probleme haben, die sie anfällig für Reizbarkeit, Aggressionen machen; weil sie bei sich eine „klammheimliche Freude" [43] darüber erzeugen wollen, dass sie ihr Opfer aus der Fassung gebracht, etwa zu einer Aggression provoziert haben.

Private Probleme: Zu diesem Stichwort meinte ein Unternehmensberater, dass man heute kaum noch einen Manager finde, der sich nicht von seiner Frau oder Partnerin getrennt habe. Ein Familienkrach belaste ihn auch in seinem Beruf, was oft genug seine Mitarbeiter zu spüren bekommen.

Bei manchen Schilderungen von Betroffenen habe ich den Eindruck, dass Mobber sich wie alkoholkranke Menschen verhalten: Durch den Suff werden moralische Barrieren überschwemmt und ethische Grenzen verschwimmen.

Deshalb brauchen nicht nur die Opfer, sondern auch die Täter Beratung und Hilfen! Auf einem anderen Blatt steht, dass laut Mobbing-Report

2003 nur knapp 20 Prozent der Mobbing-Täter mit arbeitsrechtlichen Sanktionen wie Versetzung und Kündigung belegt wurden. Dieser Report sollte übrigens bald aktualisiert werden!

Mobbing-Fall 4:

In gewissem Grad sind wir wirklich das Wesen, das die anderen in uns hineinsehen, Freund wie Feinde. Und umgekehrt: Auch wir sind die Verfasser der anderen; wir sind auf eine heimliche und unentrinnbare Weise verantwortlich, für das Gesicht, das sie uns zeigen.
Max Frisch [44]

Die Junior-Chefin einer Apotheke kritisiert die 26 Jahre alte Pharmazeutisch-technische Angestellte (PTA) vor Kunden, sie habe „kein Sozialverhalten", sie sehe dumm aus und komme auch so rüber, die Kunden hassten sie. Sie werde demnächst eine Video-Kamera mitbringen, um ihre „Mimik und Gestik zu verbessern". Die Angestellte erzählte, sie werde trotz ihrer Berufserfahrung wie eine Praktikantin behandelt. Sie habe in den letzten zwei Wochen sechs Kilo abgenommen.

Impulse:
Ein solches Verhalten ist nach der bisherigen Rechtsprechung ohne Zweifel rechtswidrig! Ohne Einwilligung der Betroffenen wären Videoaufnahmen zu diesem Zweck eine Verletzung ihres Persönlichkeitsrechts. Derzeit gibt es lediglich einen Gesetzesentwurf zum Arbeitnehmer-Datenschutz.

Wenn diese PTA kämpfen kann und will, um sich der Überwachung durch Arbeitsverweigerung zu entziehen, was zulässig ist, braucht sie wohl einen Rechtsbeistand. Ich hatte im Gespräch eher den Eindruck, dass sie sich alsbald nach einer neuen Arbeitsstelle umsehen wird.
Ein anderes Mobbing-Opfer zitiert ihren Chef: „Als Chef muss ich keinen Respekt (gegenüber meinen Mitarbeitern) haben." Ist es nicht bezeichnend, dass es in Deutschland eine Organisation gibt, die sich hauptsächlich der Renaissance des Respekts widmet und eine Wiederbelebung fordert?[45] Näheres dazu in Kapitel 13.

Eine andere Frage ist die nach eventuellen bewussten oder unbewussten Eigenanteilen der jungen Mitarbeiterin. Ein Psychiater nannte diese Eigenanteile einmal „mobbogene Faktoren", was meistens nichts mit Schuld zu tun hat. Gibt es da etwas an ihrem Erscheinungsbild, an Kleidung, Schmuck, Stimme, Sprache, Mimik, Gestik, das ihre Sympathie-Werte verringert? Nur selten und wenn, dann in großer Vorsicht kann in der Beratung danach gefragt werden, ob etwa ein Dauer-Schmollmund oder eine knarrige, zu laute Stimme eine freundliche, selbstbewusste Ausstrahlung beeinträchtigen könnten, so dass sich jemand zum Mobben veranlasst oder gar gereizt fühlt.

Es gibt klare Hinweise darauf, dass sowohl ein geringes Selbstwertgefühl wie auch ein hohes Selbstbewusstsein mit dazu beitragen, in die Opferrolle zu geraten [46]. Eigene Unsicherheit und eine mangelhafte soziale Kompetenz können dazu führen, dass ein Mensch zum Mobbing-Opfer wird. Aber auch wenn eine moralische Überlegenheit, eine idealistische Arbeitsauffassung oder eine hohe Leistungsbereitschaft zum Ausdruck gebracht oder gar zur Schau gestellt werden (oder andere dies so empfinden), kann man sich ungewollt im Abseits finden. Ebenso kann das Beharren auf eigenen Vorstellungen ins berufliche Aus führen, manchmal mit der weiteren Folge, dass Mobbing-Betroffene jahrelang einen Kampf gegen das erlittene Unrecht führen und Anwälte und Gerichte beschäftigen.

Mobbing-Fall 5:

Mir liegt Deutschland warm am Herzen...
Der Fehler der Deutschen ist, sich einander im Wege zu stehen.
J. W. v. Goethe [47].

Und weil das Im-Wege-Stehen Angst macht, verfallen nicht wenige in eine Kontrollsucht in der Hoffnung, Kontrolle oder zumindest die Illusion, sie zu haben, mindere die Angst. Die angloamerikanische Sprachwelt kennt bereits das Wort „germanangst". Wie wäre es dagegen mit einer neuen „German Lockerheit"?

Der Einkaufsleiter eines Metallbetriebes, 44 Jahre alt und seit 20 Jahren dort beschäftigt, ist aus unerfindlichen Gründen bei den mitarbeitenden Angehörigen der Inhaber-Familie in Ungnade gefallen, was sie ihm oft genug haben spüren lassen. So werde er zu Besprechungen, die seinen Bereich betreffen, nicht mehr hinzugenommen. Er könne sich kaum mehr konzentrieren und sei fix und fertig.

Impulse:
Ausbooten, so nach und nach, das könnte ein Bild sein für Mobbing am Arbeitsplatz. Auch ein Mensch mit den besten Voraussetzungen zur Überwindung einer Krise kann sein Bewältigungsvermögen verlieren, wenn die Bedrohung nur massiv, andauernd und zentral genug für ihn ist.

So berichtete mir ein 52-jähriger Mann, angestellter Dreher, von den zahlreichen Problemen in einem Familienbetrieb, vergleichbar mit dem oben genannten. Der Chef behandele ihn einerseits in der Firma wie Luft, andererseits bedrohe er ihn telefonisch: Als er aufgrund einer Bauchoperation noch zuhause und krankgeschrieben war, habe der Chef ihm auf den Anrufbeantworter sehr laut gesprochen „Ich hol dich, du faule Sau!" und im späteren Telefonat gedroht „Du kriegst die Fresse poliert!"

Mobbing macht Angst. Spätestens seit Sigmund Freud ist die Angst in ihrer Unbestimmtheit bekannt. Wer spricht schon gerne davon? Wer gibt selbst vor dem Partner, vor Freunden, geschweige denn vor Arbeitskollegen oder gar Vorgesetzten offen zu, dass er/sie Angst hat? Aber Angst ist oft der Grund für einerseits Tunneldenken, Handlungsarmut und Vermeidungsverhalten, andererseits für Kurzschluss-/Zwangshandlungen, Fehlentscheidungen und Überreaktionen. Leiden erscheint leichter als Handeln. Wer jedoch neu sehen lernen und etwas verändern will, muss sich seinen Ängsten stellen und alte Sicherheiten aufgeben.

Was hilft gegen die abwärts verlaufende Gedankenspirale im Kopf, gegen die Automatik der Gedankenabläufe, die man nicht mehr abstellen kann, gegen das ständige Grübeln? Zunächst einmal das „Benennen und Kategorisieren" des Mobbings – so „die wichtigste Botschaft" des Mobbing-Buches von Heinz Leymann [48]. Das Geschehen sollte also möglichst bei einem Berater ausgesprochen werden, damit es mit seiner Hilfe eingeordnet werden kann. Dabei darf man jedoch nicht stehen bleiben: Der verengte Blickwinkel des Betroffenen, sein Tunnelblick muss durch Hilfe von außen geweitet werden. Wieder mit ins Boot hinein nehmen, das könnte in solch einem Fall das Ziel einer Mediation sein. Wenn es gelingt, im Betrieb die Beteiligten an einen runden Tisch und schließlich zu einer Vereinbarung über den künftigen Umgang miteinander zu bringen, würden Vertrauen, Moti-vation und Produktivität und dadurch die Zufriedenheit aller wachsen.

Mobbing-Fall 6:

*Der berühmte Clown Grock (1880-1959) erhält eines Tages einen Brief, der voll ist von falschen Behauptungen und schlimmen Beschuldigungen. Seine Freunde raten ihm, den Absender des Briefes zu verklagen. Auch ein Clown könne ja nicht immer nur lustig sein. Aber Grock winkt ab. „Ich möchte das anders regeln", sagt der Clown. Er schickt den Brief zurück an den Absender und schreibt dazu: „Diesen unverschämten Brief habe ich bekommen. Ich schicke ihn nun an Sie, damit Sie wissen, dass irgendjemand in Ihrem Namen beleidigende Briefe verschickt.
Mit freundlichen Grüßen
Ihr Clown Grock."*

Vorgesetzte und Kollegen einer großen Baufirma versuchen immer wieder, der Mitarbeiterin im Sekretariat die Schuld für Fehler in die Schuhe zu schieben, für die sie gar nichts kann.

Impulse:
In einer Lüftl-Malerei an einer Hausfassade in Oberbayern sieht man zwei sich gegenüberstehende Männer. Der eine hat einen dünnen Stab vor Augen, der andere ein dickes Holzscheit. Dazu ist die Jesus-Frage aus der Bergpredigt (Matthäus 7,3) in kunstvoller Schrift aufnotiert: *Warum siehst du den Splitter im Auge deines Bruders, aber den Balken in deinem Auge bemerkst du nicht?* Ganz ohne eigenes Zutun entsteht selten ein Konflikt.

Seit Adam gehört es offenbar zum Menschen, die Schuld einem anderen in die Schuhe zu schieben: „Die Frau hat mir die Frucht von dem Baum gegeben." (1. Mose 3,12). Statt Vertreibung aus dem Garten (aus dem Arbeitsverhältnis) sollten wir das gemeinsame Verbleiben als oberstes Ziel anstreben. Auch solche tieferen psychologischen Zusammenhänge wie Neid und Eifersucht auf den Anderen/die Andere und auch eventuelle Eigenanteile können in einer Mediation bearbeitet und zu positiven Impulsen verwandelt werden. Und in ihrer Stress-Situation sollte diese Sekretärin gut auf sich selbst aufpassen, aber auch klar sagen, dass und warum sie für einen Fehler, der ihr vorgeworfen wird, nicht verantwortlich ist.

Einen kleinen „Trick", sich positiv zu beeinflussen, beschreibt der Coach Horst Conen [49]: *Trainieren Sie, auch die erfreulichen Seiten des Tages wahrzunehmen. Stecken Sie sich dazu jeden Morgen eine Handvoll Bohnen in die Jackentasche. Lassen Sie dann für jede positive Kleinigkeit (Ihren Lieblingssong im Radio, ein leckeres Sandwich, ein gutes Gespräch) eine Bohne von der rechten in die linke Jackentasche wandern. Zählen Sie abends, wie viele schöne Momente Sie auf diese Weise gesammelt haben, und lassen Sie sie vor dem inneren Auge noch einmal vorbeiziehen. Das hilft, sich vom stressbedingten Tunnelblick zu lösen.*

Mobbing-Fall 7:

Konflikte sind wie Flächenbrände. Wenn sie nicht rechtzeitig wahrgenommen und gelöscht werden, verbreitet sich Rauch und die Fremd- und Eigenwahrnehmung wird enorm beeinträchtigt mit der Folge, dass wir uns missverstanden fühlen und dementsprechend reagieren.
Gerd G. Hösl [50]

Eine Frau arbeitet seit acht Jahren in der Küche und im Speisesaal einer Klinik. Eines Tages kommt sie mit einem Tablett mit einer Gemüse-Vorspeise an ihrem Chef vorbei, mit dem die Kommunikation schon seit einiger Zeit gestört ist. Er sagt zu ihr: „Wissen Sie, dass Sie die Radieschen bald von unten sehen werden? Und bald wird sich von oben der (*Sarg-*)Deckel über Ihnen schließen!" - Er zieht sich in seinem gläsernen Büro aus und um und will von den Mitarbeiterinnen offenbar gern in Unterhose gesehen werden. Sie kam mal zu ihm, da hat er sich vor ihr umgezogen. Sie hat sich herumgedreht und ist hinausgegangen. Dieser Vorgesetzte und die Abteilungsleiterin sind beide im Betriebsrat; von dort kann sie sich also keine Hilfe erhoffen.

Impulse:
Sexuelle Verfehlungen im Betrieb dürfen auf gar keinen Fall geduldet werden! Dieser Küchenchef darf dort nicht weiterarbeiten. Hier wäre eine Kündigung durch den Arbeitgeber angezeigt. Bei sexueller Belästigung kennen die Arbeitsgerichte in der Regel keinen Pardon [51].
Die Mitarbeiterin hat auch ein Recht auf Unterlassung solcher Todesprophezeiungen und ähnlicher Äußerungen. Mediation wäre hier ein untaugliches Mittel; das sollte man sich sparen und lieber das Arbeitsrecht anwenden – ehe es zu spät ist:
Seit 2008 haben sich 60 (!) Mitarbeiter der französischen Télécom aufgrund beruflicher Verzweiflung von einer Brücke oder aus dem Bürofenster gestürzt oder sich auf andere Weise das Leben genommen, allein seit 2010 23, weitere 13 haben einen Suizid versucht. Immer mehr Menschen seien in psychiatrischer Behandlung. Solche „zer-störerische Eruptionen" gebe es dort schon seit 30 Jahren. In einer arte-TV-Dokumentation wurden die Hintergründe erhellt: Es sei eine „Entmenschlichung der Strukturen" festzustellen, die „Chefs ignorieren das Unbehagen der Angestellten", etwa aufgrund eines Programms für die Manager mit dem Namen „Next" – wer ist der nächste Mitarbeiter, der gehen muss? Der Zweck (Personalabbau) heilige die Mittel (gezieltes Mobbing). Gleichzeitig wirbt das Unternehmen mit dem Slogan „Menschen, die Menschen verbinden"…
Für Deutschland ist ermittelt worden, dass sich jeden Tag durchschnittlich drei Menschen vor einen Zug werfen. So der „Gesundheitsbericht" der Deutschen Bahn AG aus dem Jahr 2009, der auch die Situation der in diesen Fällen ohnmächtigen Lokführer behandelt. Statistisch gesehen beendet einer von dreien sein Leben wegen einer aussichtslos erscheinenden Konfliktsituation im Beruf [52].
Vergleicht man die Zahlen der tödlich verlaufenen Berufsunfälle wegen sicherheitstechnischer Mängel mit denen der Suizide aufgrund von psycho-sozialen Problemen am Arbeitsplatz, so haben erstere erfreulicherweise abgenommen, letztere aber zugenommen und liegen mittlerweile deutlich über jenen.
Das finde ich erschreckend und alarmierend!

Mobbing-Fall 8:

*Sticheleinheiten sind günstiger zu haben
als Streicheleinheiten.*
Walter Ludin [53]

Eine Angestellte bekommt nicht mehr die für sie gedachte Post. Vor kurzem sei bei ihrem Telefon dauerhaft eine Anrufumleitung geschaltet worden. Ihr Chef sei zu feige, um einzuschreiten. Zum Betriebsrat darf sie während der Dienstzeit nicht gehen.

Impulse:
Sie sollte unbedingt ein Mobbing-Tagebuch anfangen. Das sollte beinhalten: Datum, möglichst Uhrzeit, zumindest die Angabe, ob vor- oder nachmittags, wer hat gemobbt, wodurch, womit, eventuelle Zeugen sowie die eigene Reaktion und Empfindung darüber. Ein Beispiel ist im Anhang 1 wiedergegeben.
Der Gang zum Betriebsrat ist innerbetrieblich meist der erste Schritt bei der Suche nach Hilfe und Unterstützung (hier notfalls außerhalb der Arbeitszeit). Die betriebliche Interessenvertretung kann und muss sich um Postwege und Telefonschaltungen kümmern, aber auch um Arbeitsplatzbeschreibungen.
Wenn eine Geschäftsführung aber schon die Bildung einer Arbeitnehmervertretung gezielt torpediert – oft genug musste ich mir das anhören – dann steht es meistens schlecht um das Betriebsklima. Im Gegensatz dazu formulierte der frühere bayrische Ministerpräsident Beckstein einmal: *„Kritik ist eine der wichtigsten Formen von Loyalität."*
Ein mutiges Wort zur Notwendigkeit einer konstruktiven Kritik! Denn bei einer Umfrage über Mobbing-Gründe haben an erster Stelle (60 Prozent) geantwortet: „Ich wurde / werde gemobbt, weil ich Kritik geäußert habe, die nicht erwünscht war." [54] Schon der Dichter Christian Morgenstern hatte beobachtet, dass es Menschen gibt, die sich immer angegriffen fühlen, wenn jemand eine Meinung ausspricht. Ein Beispielsatz eines Chefs verdeutlicht das: „Dass ich keine Kritik vertrage, lass ich mir von niemandem sagen."

Der wohl berühmteste US-amerikanische Kommunikations- und Motivationstrainer im Bereich des Positiven Denkens war Dale Carnegie

(1888-1955). In seinem Bestseller „Wie man Freunde gewinnt" aus dem Jahr 1938 formulierte er, und hat damit auch Recht:

„Kritik ist nutzlos, denn sie drängt den anderen in die Defensive. Und gewöhnlich fängt er dann an, sich zu rechtfertigen. Kritik ist gefährlich, denn sie verletzt den Stolz des anderen, kränkt sein Selbstwertgefühl und erweckt seinen Unmut."[55]

Aber ich denke, es kommt immer auf das Wie an, und das lernen Betriebsräte, die ja häufiger mit der Unternehmensführung reden, eher. Ein zu starker Betriebsrat wird von der Geschäftsleitung – manchmal zu Recht – gefürchtet. Eine zu schwache Arbeitnehmervertretung ist keine wirkliche Hilfe für die Belegschaft. Ist auch noch eine am Konflikt beteiligte Seite im Betriebsrat, so hat es ein Mobbing-Betroffener besonders schwer!
Und es gibt auch immer wieder ein Mobbing gegen Betriebsräte selbst mit dem Ziel, einzelne Betriebsratsmitglieder zur Aufgabe ihrer Funktion (und des Arbeitsplatzes) zu bewegen. In solchen Fällen sollten sich die Betroffenen frühzeitig um Unterstützung durch ihre Gewerkschaft bemühen.

Mobbing-Fall 9:

*Frauen streiten über Sachen,
wegen derer sich Männer nicht einmal vertragen würden.*
Michael Richter, *1952, Historiker

Für eine Erzieherin in einem kirchlichen Kindergarten ist die Arbeitssituation seit vier Jahren „nicht mehr erträglich, ja aussichtslos". (Sie weint). Sie war schon in einer psychosomatischen Klinik wegen Magen-Problemen und Migräne-Attacken und ist jetzt bereits wieder die vierte Woche krankgeschrieben. Sie kann nachts nicht schlafen und geht mit Angst zur Arbeit. In den letzten vier Jahren hat sie 10 Kilo abgenommen, davon sechs in den letzten vier Wochen. Alle sechs Kolleginnen seien gegen sie, insbesondere die Gruppenleiterin und deren Schwester. Es gebe untereinander „viele Beziehungskisten".

Sie werde aber ausgegrenzt, man gratuliert ihr nicht mehr zum Geburtstag. Zahlreiche Vor- und Nacharbeiten zuhause werden nicht als Überstunden anerkannt. Gespräche mit dem verantwortlichen Pfarrer waren ohne Erfolg. Im Dorf werde sie „gekreuzigt". Ihr Mann ist zu Kurzarbeit gezwungen, der Sohn studiert, ihre Schwiegermutter sei in Pflegestufe 1, sie müsse sich viel um sie kümmern. All dies erschwere einen Stellenwechsel.

Impulse:
Zoff zwischen Erzieherinnen – leider nur allzu häufig. Was kann dieser Erzieherin helfen? Zunächst braucht sie zur Reduzierung ihres Stresses möglichst viel Bewegung. Und eine fachkundige therapeutische Betreuung, bei der sie sich aussprechen kann; dazu müsste sie eben in die nächste Stadt fahren. Vielleicht gibt es dort auch eine begleitete Mobbing-Gruppe. Dann wird sie sich entscheiden müssen, ob sie kämpfen, standhalten oder flüchten will oder muss. Für ihren Weg sollte sie sich eine Begleitung suchen.
Nach unserem Gespräch mailte sie mir: „Es gibt nichts 'Unsozialeres' als ein sozialer Beruf! ..." Ein trauriges Fazit, das nicht nur sie gezogen hat! Wie auch der Fall einer anderen Erzieherin in einem kommunalen Kindergarten zeigt: Auf sie werde eine regelrechte 'Hexenjagd' gemacht. Sie habe herausbekommen, dass der Chef ihren Kolleginnen die Weisung erteilt habe, jedes Wort von ihr, auch jeden privaten Satz, aufzuschreiben und ihm zu geben. „Mann, Mann, Mann, Mobbing ist wie die Pest", mailte sie mir.

Bei Teamstreitigkeiten in sozialen Einrichtungen wird traditionell und nicht selten ein Psychologe oder Supervisor hinzugezogen, der dann versucht, mit gruppendynamischen Instrumenten ein neues Bewusstsein zu erzeugen, um Einsichten zu wecken, die dann (den Zielen) der Leitung entsprechen sollen. Das sei, so Leymann, an und für sich keine schlechte Methode, sie greife aber bei weitem zu kurz.

Teilweise werden auch Schulungen zur konstruktiven Konfliktbeilegung in Anspruch genommen. Eine Supervision hat natürlich auch mediative Elemente. Wichtig sind aber eine Einigung und eine spätere Überprüfung der Einhaltung. Das kann nur eine Mediation leisten. Die ist aber leider noch zu wenig bekannt, so dass sie bisher zu selten erwogen wird. Hier leisten die verschiedenen Mediationsverbände wichtige Informationsarbeit. Im Juni 2009 wurde endlich das Deutsche Forum für Mediation (DFfM) als Dachorganisation für die Mediation in Deutschland gegründet. Voraussichtlich im Spätjahr 2011 verabschiedet der Bundestag das Mediationsgesetz und gibt so der außergerichtlichen Streitbeilegung einen neuen Schub. (Näheres zur Mediation, siehe Kapitel 17.)

Mobbing-Fall 10:

Wer schwere Geschütze auffährt,
der gerät selbst ins Kreuzfeuer der Kritik.
Almut Adler, *1951,
Fotografin, Autorin, Lyrikerin und Aphoristikerin

Ein 58-jähriger Mann arbeitet bereits seit 1978 als Sachbearbeiter sehr gewissenhaft in einer Maschinenbau-Firma. Vom Stellvertreter des Chefs wird er seit einiger Zeit so ausgegrenzt, benachteiligt, unterdrückt und mit seiner Meinung nach ungerechten Vorwürfen überzogen, dass er sich nun krank schreiben ließ. Er wolle nicht mit seiner Wut und Aggression, die die „Rechte Hand" des Chefs bei ihm verursacht habe, „ins Geschäft" gehen und sich auch nicht erneut provozieren lassen. Jener habe zwei Gesichter und es gebe für ihn nur Freund oder Feind: Freundlich sei er zu seinen Freunden, ablehnend, ja lügnerisch zu seinen Feinden, er müsse irgendwie ein Zweitleben führen, je nachdem. Sich selbst beschreibt er als gerechtigkeitsliebend, als sehr emotional, sagt aber auch: „Mein Urfeind sitzt mir Nacken". Er fragt deshalb, ob er nicht doch eine Psychose habe. Seine Ärztin habe ihm, dem früheren „Zappelphilipp", ein Medikament für mehr Gelassenheit verschrieben. In ihm stecke eine Angst, irgendwann in die Psychiatrie zu müssen.

Impulse:
Bemerkenswert bei diesem Anruf war, dass ich bei ihm dauernde Hintergrundgeräusche hörte und ihn danach fragte. Er sagte: „Ich mache den Fernseher aus."…

Angst hat große Augen, sagt ein tschechisches Sprichwort. Da wittert man hinter jedem Baum ein großes Ungeheuer; dabei ist es bloß ein Hase, der vielleicht selbst ein Angst-Hase ist...
Wenn sich der Betroffene immer wieder provozieren lässt, so dass Gespräche eskalieren und ein unerfreuliches Ende nehmen, steckt er in der Tat in einem schwierigen Kreislauf, muss sich auch fragen (lassen), welchen Eigenanteil er daran hat, zumal wenn er selbst vermutet, psychisch krank zu sein. Ein wechselseitiges „Kreuzfeuer der Kritik" kann aber in einer Mobbing-Erstberatung nicht aufgearbeitet werden und bedarf einer längeren Betreuung. Meinen Hinweis auf die Möglichkeiten einer gezielten stationären
Rehabilitationsmaßnahme hat er zunächst mit vordergründigen Argumenten zurückgewiesen. Mit aller Geduld gab ich ihm Erläuterungen und schließlich Angaben über spezialisierte Reha-Kliniken. Mit Hilfe eines Facharztes (und nicht über seine Hausärztin, wenn diese nicht die genügenden Kenntnisse hat) solle er einen Antrag dafür bei der Rentenversicherung stellen. Manchmal kann sogar eine Einweisung in ein Akutkrankenhaus (über die Krankenkasse) notwendig sein. Ich hoffe für ihn, dass das eine oder das andere klappt und Erfolg hat.

Noch eine Anmerkung zu Ratschlägen aus der Umgebung von Mobbing-Betroffenen: „Mensch, ärgere dich nicht!" „Lass den Kopf nicht hängen, das wird schon wieder!" Sag: „Rutsch mir den Buckel runter!" „Liebe dich selbst, dann ist es egal, wer dich ärgert." Was bedeuten solche Ratschläge, die von Verwandten und Freunden kommen? Oder: Da zitiert einer im Gespräch den Satz eines Majors: „Der Schmutz, mit dem die Welt mich beworfen hat, hat nie bis zu meinen Fußspitzen gereicht." Und sagt: „Nimm dir die Haltung dieses Offiziers als Beispiel!" Oder der Rat kommt in poetischer Form: „Was kümmert es die deutsche Eiche, wenn ein Schwein sich an ihrer Borke reibt?" Sei stark wie eine Eiche!
Solche Sätze sind vielleicht gut gemeint, aber schlecht gesagt. Denn sie zeigen, dass der Sprechende keine Ahnung vom Elend und von den Ohnmachtsgefühlen eines Mobbing-Opfers hat. Solche Ratschläge können auch „Schläge" sein und kränken das Opfer noch zusätzlich. Wenn man matt gesetzt ist oder rausgekegelt wird, entsteht zwangsläufig Wut im Bauch. Es ist leicht gesagt, aber meist unmöglich, den Ärger abzustellen, als gäbe es einen Schalter, den man nur umzukippen

braucht, eine Escape-Taste wie beim Computer, und die Probleme sind weg. Zu einem wirksamen Aufmuntern, zu einer Ermutigung bedarf es mehr als solcher Ratschläge.

Zu bedenken ist etwa, dass es Konstellationen von Kollegen/innen gibt, die die Zusammenarbeit erschweren können: Ein pedantischer Mitarbeiter trifft auf einen Pragmatiker. Eine sachlich geprägte Angestellte wird von ihrer sehr emotionalen Kollegin genervt oder umgekehrt. Einem Streber kommt es nicht auf Überstunden an, während sein Kollege Beruf und Familie in Einklang miteinander bringen muss. Eine kreative Angestellte fordert ständig Veränderungen, hat aber ein Gegenüber, das lieber am Bewährten festhalten will.

Wenn es bei derartigen „Paaren" an Rücksichtnahme und Geduld mangelt, kann es zu einem permanenten Kleinkrieg kommen, den auch Vorgesetzte nicht (mehr) befrieden können.

4. Mobbing – eine Frauen-Leidenschaft?

"Mein Chef ist ein Ekel!" beklagt sich Frau Meier bei ihrer Freundin.
"Aber wieso denn?" – "Mag ja sein, dass ich eine langsame Mitarbeiterin bin. Aber dass er mich dafür jetzt auch noch zur Schnecke macht!..."

Wenn ein Mensch so heftig kritisiert wird, dass er sich am liebsten verkriechen möchte – wie eine Schnecke bei Bedrohung in ihr Schneckenhaus – dann wird er „zur Schnecke gemacht" [56]. Aber schneller arbeitet er dadurch erst recht nicht!
Mobbing ist nicht nur, aber insbesondere ein Frauen-Problem, wie die Statistiken klar sagen: Zwei Drittel bis drei Viertel der von solchen Leiden Betroffenen sind Frauen, zumindest derjenigen, die sich melden. Etliche Experten meinen zwar, dass Mobbing kein frauenspezifisches Phänomen sei, weil betroffene Frauen aus Branchen mit einem hohen Anteil von Arbeitnehmerinnen kommen, eher bereit sind, darüber zu sprechen, Beratungen zu suchen und auch an Stress-Studien teilzunehmen. Die Frage kann aber zumindest für die tatsächlichen Beratungen dahin stehen. Unternehmen mit einem hohen Frauenanteil und einer höheren Mobbing-Anfälligkeit sollten sich jedenfalls ihrer Verantwortung stellen.

Mobbing-Fall 11:

"Die Ameise kennt die Formel ihres Ameisenhaufens.
Die Biene kennt die Formel ihres Bienenstockes.
Nur der Mensch kennt seine Formel nicht."
F. Dostojewski [57]

Eine 31-jährige Frau, alleinerziehend, arbeitet nach ihrem Examen seit einem Jahr als Krankenschwester in einem Krankenhaus. Sie erzählt: „Auf unserer Station lästert jeder über jeden und besonders über mich. Die Stationsschwester sagte zu mir mehr als einmal: ´Du kannst nix, du bist nix wert.´ Manchmal komme ich mir vor wie der Sündenbock, mir wird Schuld in die Schuhe geschoben, für die ich gar nichts kann. Ich bin offenbar zu gutmütig. Ich fühle mich wie die Stieftochter im bösen Märchen. Ich habe schon mit dem Betriebsrat gesprochen, aber es ändert sich nichts. Mich auf eine andere Station versetzen zu lassen geht nicht, außerdem würde mich das in meinem Stolz verletzen. Nachts habe ich Schweißausbrüche, tagsüber Magenschmerzen. Ich habe Angst um meine berufliche Existenz. Ich kann nicht mehr. Mit meiner Geschichte könnte ich zur Zeitung gehen."

Impulse:
Solche oder ähnliche Leidensgeschichten von zumeist gut ausgebildeten Frauen höre ich immer wieder. Knapp drei Viertel der bei der Mobbing-Hotline Baden-Württemberg Anrufenden sind Frauen. Seit Beginn der Hotline im Sommer 2008 haben über 10.000 Menschen Rat und Hilfe gesucht, schätzungsweise 6.000 davon waren Frauen. Von den über 200 Beratungen, die ich in den letzten zwei Jahren durchgeführt habe, waren mindestens 140 für Frauen, der Altersschwerpunkt lag zwischen 40 und 55 Jahren (etwa 40 Prozent).
Auch Frauen mobben Kolleginnen und schikanieren unterstellte Mitarbeiter/innen (Bossing). Selbst wenn eine Frau in einer Arbeitsgruppe nicht direkt am Mobbing-Prozess beteiligt ist, spürt sie als Mitarbeiterin doch die Verschlechterung des Betriebsklimas, muss Personalausfälle mit verkraften; als Vorgesetzte ist sie mit-verantwortlich, oft genug mitschuldig am Leiden, weil sie nicht eingreift. Nicht selten bekommen Patienten und Kunden das mit oder sogar ab. Das Image des ganzen Unternehmens nimmt Schaden, der wirtschaftliche Erfolg geht zurück, und das in ohnehin angespannten Zeiten.
Während es bei mobbenden Männern häufiger um Macht und Konkurrenzkämpfe geht, zum Teil als Kompensation von negativ empfundenen eigenen Schwächen, beispielsweise eine kleine Körpergröße („Napoleon-Komplex"), dreht es sich bei Frauen im Kern, und selten ausgesprochen, oft um Neid und Eifersucht. *„Eifersucht ist eine Leidenschaft, die mit Eifer sucht, was Leiden schafft"*, so sagt eine Redensart. Manchmal zeigt sich das schon im Gesicht: Hans Erich Nossack schreibt treffend von „Miss-günstigen Mundwinkeln"[58], die es vielleicht sogar auf beiden Seiten gibt.

Auf der Opferseite sind zumeist engagierte, loyale Menschen, nicht selten langjährige Mitarbeiter/innen. Für „zu gutmütig" hält sich die Frau aus dem obigen Fall-Beispiel, anders ausgedrückt: Sie ist sensibler als Kolleginnen, vielleicht ist sie gerade wegen dieser Begabung in einen sozialen Beruf gegangen! Sie hat aber eine niedrigere „Frustrationstoleranz", wenn der Leistungsdruck (ist das ein anderer Ausdruck für Perfektionswahn?) zunimmt. Die Psychologen sprechen von Frustrationstoleranz und behaupten, dass nur der sie erwirbt, der seinen Platz innerhalb der Gemeinschaft gefunden hat. Frauen haben offenbar ein stärkeres Harmoniebedürfnis, wagen es weniger zu widersprechen oder gar verbal eine rote Ampel aufzustellen, „Halt!", „Stopp!", „So nicht!" zu sagen.

Lieber ein Ende mit Schrecken als ein Schrecken ohne Ende? Im Widerstreit zwischen „Kämpfen", „Standhalten" und „Flüchten" neigen Frauen eher zu letzterem oder ziehen sich zumindest in ein Schneckenhaus zurück, verlängern aber dadurch unter Umständen ihr Leiden.

Zu einer Verschlimmerung der Leiden durch beruflichen Frust führen meistens frühere, teils schon länger zurückliegende, aber jetzt wieder hochkommende Erfahrungen: mangelnde Anerkennung als Kind und Schlimmeres, die Scheidung vom Partner (im Beispiel nur angedeutet durch die Selbstbeschreibung als „alleinerziehend", vielleicht weil sie die einzige zwischen verheirateten Müttern ist), der Tod eines nahen Angehörigen, die nicht nur zeitaufwändige Pflege eines Elternteils. In der oben genannten Hauptaltersgruppe kommen öfter persönliche Schwierigkeiten aufgrund der Wechseljahre hinzu.

Frauen scheinen stärker als Männer unter psychischen Kränkungen, Verletzungen des Ehrgefühls sowie unter dem dadurch entstehenden Ohnmachtsempfinden zu leiden. Deshalb immer wieder der Rat: Bewusstes Ausruhen, gezielte Ablenkung, Schlafen notfalls mit medikamentöser Unterstützung und viel Bewegung – all das hilft, immer wieder neue Kraft zu tanken und das Selbst-Bewusstsein und das Selbstwertgefühl zu stärken.

Von einer Möglichkeit, Stress abzubauen, schrieb mir eine Mandantin: *„Holz klein machen und laut schreien. Das ist eine Möglichkeit Dampf abzulassen und ihn so aus dem Körper zu bekommen. Ich habe mich dabei in meiner Kraft gespürt. Das körperliche Ausagieren von Wut entspannt. Wo kann man das besser als im (eigenen) Wald, wo meine Schreie hoffentlich niemand gehört und sich womöglich geängstigt hat?*

Zum bewussten Ausruhen, zum Genießen der Gegenwart ist vielleicht eine englische Bauernweisheit nützlich: Sometimes I sit and think, sometimes I just sit. Manchmal sitze ich und denke (nach), das ist bedächtige Muße, manchmal sitze ich nur einfach. Nicht mehr denken zu müssen, die vielen Gedanken zu unterdrücken ist oft nicht leicht, aber mit Willensstärke gelingt es doch, zumindest phasenweise.

Solidarisierung in der Arbeitsgruppe wäre nötig, gelingt aber immer seltener aufgrund von allgemeiner Individualisierung und allseitiger Angst um den Arbeitsplatz. Jede(r) ist sich selbst der/die Nächste – immer mit dem Gedanken im Hinterkopf: Bin ich der/die Nächste, der/die rausfliegt? Zumal mit zunehmendem Alter.

In einem Fall ist eine Sekretärin aufgrund von Schikanen ihres Chefs für längere Zeit krank geworden. Sie will aber trotzdem kämpfen, zumal auch ihre Krankheitsvertretung wegen des „unmöglichen" Chefs gekündigt hat. Wegen ihres geringen Verdienstes und mangels einer Rechtsschutzversicherung kann sie sich keine anwaltliche Vertretung leisten. Andere Mitarbeiter/innen im Unternehmen haben daraufhin für sie Geld gesammelt. So kann Solidarität auch aussehen!

In einem anderen Fall sagte ein von der Firma hinzugezogener „Sanierer" im Beisein des Seniorchefs zu einer Mittfünfzigerin, die seit über 30 Jahren in und für diese Firma arbeitet: „Sie sind über 50, Sie sind mein Feind!" Das ist ein wörtliches Zitat, nicht erfunden! Und der Chef schwieg – was sie noch mehr verletzt hat. Klar, dass durch so etwas mehr als „nur" die Motivation leidet.

Eine 57-jährige Altenpflegehelferin arbeitet seit 9 Jahren ordentlich in einem evangelischen Altenpflegeheim. Sie zitiert ihre Chefin, die Altenheimleiterin, die ihr und zwei anderen älteren Hilfskräften gesagt habe: „Sie müssen noch ein paar Jahre richtig schaffen, dann gehen Sie in Rente. Meine jungen, teuren Fachkräfte muss ich schonen." Auch hier eine Altersdiskriminierung – trotz der christlichen Leitlinien mit einem Satz wie „Wir 'pflegen' auch unsere MitarbeiterInnen".
Bei einer Umfrage bezüglich der Auswirkungen von Mobbing auf das eigene Leistungsverhalten wurde mit knapp 72 Prozent am häufigsten geantwortet: „Ich war demotiviert." [59]

Hat der Chef/die Chefin noch nie etwas davon gehört, dass ein Unternehmen gezielt ältere Mitarbeiter/innen fördern muss, wenn es zukunftsfähig bleiben will, dass Teams mit jungen und älteren Kollegen mehr Leistung bringen und die Produktivität beider Altersgruppen zunimmt? So das Zentrum für Europäische Wirtschaftsforschung (ZEW) in Mannheim in einer Studie aus 2010 [60].

Haben Sanierer und Chef noch nie etwas vom Allgemeinen Gleichbehandlungsgesetz gehört, das etwa die Altersdiskriminierung verbietet (§§ 1, 2 und 7)? Das Gesetz ist schon seit über sechs Jahren in Kraft. Speziell zur Diskriminierung wegen des Alters, des Geschlechts und der sexuellen Identität gibt es bereits eine Rechtsprechung der Arbeitsgerichte.

Mobbing-Fall 12:

Nach einem lauten Auftritt kann schon mal
betretenes Schweigen herrschen.
Siegfried Wache,*1951, technischer Zeichner,
Luftfahrzeugtechniker und Buchautor

Eine 43-jährige Fachkauffrau arbeitet seit einem dreiviertel Jahr als Assistentin der Geschäftsleitung in einer Spedition mit 40 Beschäftigten. Einen Betriebsrat gibt es nicht. Ihr Chef, der mit 75 Jahren die Firma nicht loslassen kann und sie seinem Sohn immer noch nicht übertragen hat, sei Choleriker, er schreit und rastet immer wieder aus. Man kann ihm gar nichts recht machen. Er verhindert häufiger, dass sie ihre halbe Stunde Mittagspause nehmen kann. Er lässt sie nicht zur Toilette gehen. „Erst muss das weggearbeitet sein, dann kriegen Sie den Schlüssel dafür."

Impulse:
In der Parabel „Vor dem Gesetz" von Franz Kafka begehrt ein Mann Zutritt zum Gesetz und bekommt ihn nicht. Ein Gefühl des Unbegreiflichen und Absurden beschleicht ihn immer mehr. Diese Parabel hat auch heute noch Gültigkeit.

Beispiel: Eine LKW-Fahrerin widersetzte sich mutig ihrem Chef, einen Transport mit ungesicherter Ladung durchzuführen. Erst die Polizei konnte verhindern, dass sie mit dem untauglichen Lkw startete. Gegen den Chef wurde ein Bußgeldverfahren eingeleitet. Wie es der Fahrerin danach in der Firma erging, ist nicht bekannt.

Schwierigkeiten im Speditionsgewerbe sind leider allzu häufig: Ein Lkw-Fahrer erzählte mir, dass er bereits 17 Punkte in Flensburg habe und gar nicht mehr angestellt sein wolle. Der nächste Chef, egal bei welcher Transportfirma, würde ihn nach kurzer Zeit nötigen, mit einem mangelhaften Lkw oder mit Überladung zu fahren. Wenn er dann erwischt werde, sei er seinen Führerschein los und hätte dadurch gar keine Chance mehr auf dem Arbeitsmarkt.

Zwei Transporteure einer anderen Firma sagten, nachdem sie das Piano am Ziel aus Schwäche haben fallen lassen, sie müssten die Transportgebühr jetzt (trotzdem) in bar ausgehändigt bekommen, sonst müssten sie das Geld am Abend aus eigener Tasche an den Chef bezahlen. Eine solche Weisung ist eklatant rechtswidrig; bei Nichtbefolgung darf ihnen kein Nachteil entstehen – so die Theorie…

In Speditionen ist offenbar das Klima besonders rau. Aber muss es, wie im obigen Fall geschildert, wie bei den Brüllaffen zugehen? Nach einer Studie [61] gaben 26 Prozent der befragten Mobbing-Betroffenen an, sie seien angeschrieen worden. Warum brüllen, schreien, fluchen Chefs und Kollegen/Kolleginnen? Sie wissen doch, dass über sie gespottet wird. Sie spüren, dass das Reden hinter ihrem Rücken bei ihnen selbst Unsicherheit erzeugt, ob sie das zugeben oder nicht. Und Unsicherheit nagt am Selbstvertrauen. Da macht man also lieber andere lächerlich, als dass man sich selbst der Lächerlichkeit preisgibt. Da werden Andere vor aller Augen niedergebrüllt, um nicht selbst kritisiert zu werden.

Aber: Wer brüllt, hat von vornherein Unrecht. Wer in der Firma schreit, tut das auch zuhause und umgekehrt. Nichts gegen Brüllen im Fußballstadion, aber in der Firma nicht! „Brüllen ist die Re-Primatisierung des Menschen." [62] Dabei gibt es „Wege aus der Brüll-Falle": Immer wieder werden von verschiedenen Veranstaltern derartige Kurse angeboten.

Für die Mitarbeiterin ist auch hier die Frage: Flüchten oder standhalten (flight or fight sagen die Amerikaner)? Ohne externe Hilfe wird sie es nicht schaffen, ein zufrieden stellendes Arbeitsverhältnis wieder herzustellen.

Mobbing-Fall 13:

*Alles, was ihr wollt, das euch die Menschen tun,
das tut auch ihr ihnen ebenso!*
Goldene Regel der Bibel, Lukas 6,31

Eine Mitarbeiterin, 58 Jahre alt, seit über 20 Jahren in der Organisation, mit 50 Prozent Minderung der Erwerbsfähigkeit, erduldet seit über vier Jahren völlig unzureichende Arbeitsbedingungen: So fehlt ihr im Archiv ein Stuhl; ihr eigener, behinderungsgerechte Stuhl wird ihr immer wieder von einem Kollegen streitig gemacht. Eine Schreibtisch-Erhöhung ist laut Hausmeister vorhanden, kann ihr aber nur gegen Auslieferungsschein zur Verfügung gestellt werden; der Vorgesetzte verweigert die Unterschrift dafür. Nach einer Arbeitsunfähigkeit bekommt sie mit, dass ein Kollege verbreitet hat, sie habe „einen psychischen Bänderriss".

Impulse:
Hier sollte als erstes der Integrationsfachdienst eingeschaltet werden. Der kann und soll sich nicht nur um einen behindertengerechten Arbeitsplatz, sondern auch um Maßnahmen zur Verbesserung des Betriebsklimas kümmern!

Viele Menschen kennen zwar die oben zitierte Goldene Regel, wenden sie aber nicht an! In abgewandelter Form gibt es sie in allen Weltreligionen und Philosophien, als negativ formuliertes, gereimtes Sprichwort auch im Volksmund: *Was du nicht willst, das man dir tu, das füg auch keinem andern zu!* Wenn einem einer mal wieder dumm oder frech kommt, sollte man ihm in die Augen schauen, ganz deutlich diesen Satz sagen, wegschauen und dann weggehen, sich auf keine Diskussion einlassen.

Mobbing-Fall 14:

Wo es hart auf hart geht, wird meist einer weich geklopft.
Fritz P. Rinnhofer [63]

Eine 63-jährige technische Angestellte arbeitet seit 31 Jahren in einem Betrieb der Autozulieferindustrie. Die Firma hat jahrelang gut Geld verdient. Den Personalleiter hat sie bisher geachtet. Jetzt muss der im Auftrag der Geschäftsleitung Arbeitsplätze abbauen. Schon 90 Mitarbeiter haben die Kündigung bekommen. Sie selbst wurde von ihm in den letzten Monaten sechsmal, nämlich etwa alle vier Wochen, zum Gespräch einbestellt, um einem Aufhebungsvertrag zuzustimmen. Er hat aber bisher noch keine konkreten Daten genannt, insbesondere kein Abfindungsangebot. Die Antwort auf ihre Nachfrage bei der Geschäftsführung war, der Personalchef werde ihr ein Angebot machen. Das kam aber nicht. Stattdessen wurde sie zum Betriebsarzt einbestellt mit der Begründung, sie wolle ja aufhören zu arbeiten, deshalb müsse sie noch ein Formular ausfüllen. Sie will aber noch gar nicht aufhören (Altersteilzeit wurde zweimal abgelehnt). Kaum war sie vom Betriebsarzt zurück, ruft der Personalleiter an: „Wir brauchen Sie nicht mehr." Sie könne sich doch Krankheiten attestieren lassen...

Impulse:
In der Krise zeigen Menschen oft ein erschreckend anderes Gesicht, wie dieser Personalleiter, dem außer Kurzarbeit, Kündigungen und Mobbing zur Reduzierung der Personalkosten nichts einfällt. Die Angestellte hat die Achtung vor ihm völlig verloren. Nachvollziehbar, aber schade! „Outplacement by mobbing", also das Schikanieren bis der Betroffene selbst kündigt, ist meistens aber langfristig teurer als eine gescheite Beendigungsvereinbarung! Von den Kosten, die der Allgemeinheit dadurch aufgebürdet werden, abgesehen: „Bis zu 25 Milliarden Euro volkswirtschaftlicher Schaden" titelte der FOCUS bereits 2002 und meinte: jährlich! [64]

Eine andere Betroffene erzählte, sie sei vom Personalchef „zum Psychiater beordert" worden, und empfand diesen Befehl als zusätzliche Demütigung.

Auch der Betriebsarzt hat im obigen Fall – aus Unkenntnis? – versagt! Seine Aufgabe wäre gewesen zu helfen, zu sensibilisieren, aufzuklären und zu vermitteln [65]. Offensichtlich gibt es bei Arbeitsmedizinern und -psychologen noch einen Nachholbedarf an Informationen über Mobbing. Fortbildungsangebote gibt es genug.
In dem vom Präsidenten des (Arbeitgeber-)Verbandes der Automobilindustrie (VDA) Matthias Wissman verantworteten Jahresbericht 2009 heißt es lediglich: „Die Innovationskraft in der Automobilindustrie ist nur durch qualifizierte Mitarbeiter in allen Funktionen aufrecht zu erhalten. Alle wesentlichen Erfolgsfaktoren hängen von einer motivierten und qualifizierten Belegschaft ab. Dabei droht die Rezession, viele Arbeitsplätze in Gefahr zu bringen." In der Pressemitteilung des VDA vom 19.5.09 steht: „Die Perspektive für die Überlebenden wird jedoch optimistisch eingeschätzt." - „Überlebenden"?? Gemeint sind die Unternehmen der Automobilzulieferindustrie, die die Krise überlebt haben werden, und nicht die Arbeitnehmer, die ihren Arbeitsplatz behalten haben. Von den Arbeitnehmern, die ihren Arbeitsplatz bereits verloren haben oder die kurz davor stehen, ist nicht die Rede. Im Internet habe ich beim VDA nichts, aber auch gar nichts gefunden über so etwas wie Leitlinien zum Umgang mit Mitarbeitern in der Krise. „Unvermeidliche Personalmaßnahmen sollen sozialverträglich gestaltet werden" heißt es lapidar bei einem Energiekonzern. Statt reflexartigem Verhalten, versehen mit dem Basta-Wort „alternativlos" (Unwort des Jahres 2010), wäre Kreativität nötig. Und es gibt gute Ideen...

Mobbing-Fall 15:

*Streit und Zoff sind Distanz-Garantien
bei gleichzeitiger Nähe-Illusion.*
Ute Lauterbach, *1955, Autorin und Alltagsphilosophin

Eine Frau berichtet mir folgendes: Im Geschäft dürfen die Mitarbeiter im maßvollen Umfang privat telefonieren, privaten E-Mail-Verkehr haben und im Internet surfen. Vor kurzem fand sie bei ihrem Chef eine Kopie eines privaten Briefes an ihren Sohn, den sie in den PC getippt hatte. Seit kurzem bekommt sie alle ihre Mails mit zweistündiger Verspätung, weil sie der Chef anschaut und erst dann freigibt. Sie weiß auch von Kameras in seinem Auto; er hatte selbst mal gesagt, dass er seine Exfrau observiere. Vielleicht filme er auch seine Angestellten. Er suche offenbar immer eine Schuld bei anderen.

Impulse:
Dieses Versicherungsbüro hat offensichtlich ein Datenschutz-Problem! Zur Klärung braucht sie daher einen – möglichst externen – Datenschutz-Experten. Aber nicht nur das! Ist Schuld eine Frage des Geschlechts? Frauen fühlen sich schneller schuldig und werden von stärkeren Schuldgefühlen geplagt als Männer. Was wir schon lange ahnten, haben spanische Forscher jüngst in einer Studie belegt. Die Wissenschaftler haben 360 Männer und Frauen unter-schiedlichen Alters danach gefragt, welche Situationen ihnen typischerweise Schuldgefühle bereiten und wie gut sie sich in andere Personen hineinversetzen können. Das Ergebnis: Frauen fühlen sich - unabhängig von ihrem Alter - schneller schuldig und werden von heftigeren Schuldgefühlen geplagt als das männliche Geschlecht. Männer entwickeln erst in mittlerem Alter ein Gespür für die Folgen ihres Handelns. Als Ursache vermuten die Forscher mangelndes Einfühlungsvermögen. Dieses sei bei Frauen ausgeprägter, während die Empathiefähigkeit der Männer erst im Alter von 40 und 50 Jahren an die der Frauen heranreiche. Grund, so die Wissenschaftler, ist eine geschlechts-spezifische Erziehung, die bei Mädchen nach wie vor mehr Wert auf eine ausgeprägte Sensibilität legt als bei Jungen [66].

Ginge die oben genannte Betroffene wegen ihrer seelischen Leiden zu einem Therapeuten, so könnte ihr das passieren, was der Arzt Dr. Bämayr so beschreibt [67]: *„Selbst Psychotherapeuten, sofern sie nicht in der Psychotraumatologie erfahren sind, neigen zur indirekten Opferbeschul-digung, indem sie ihr Neurosen-Know-how Psychotraumatisierten überstülpen und in der Entwicklungsanamnese nach Ursachen beim Patienten für das Mobbing suchen oder der Frage nachgehen, warum der Patient das Mobbing nicht verhindern kann. Die Opferbeschuldigung ist im psychotherapeutischen Bereich institutionalisiert... Kein Mensch käme auf die Idee, beim organischen Trauma eines Schädelbruches durch einen herunter gefallenen Ast nach der Entwicklungsanamnese zu fragen."*

5. Gruppen-Mobbing

*Jeder nur für sich und der Wald gegen alle. Oder besser:
Leben: Einzeln und frei wie ein Baum
und brüderlich wie ein Wald – das ist unsere Sehnsucht.*
Nazim Hikmet [68]

Die Redensart „jemanden niederdreschen" bedeutet, einen anderen verbal oder mit Gewalt niedermachen. Mit der folgenden aus Niedersachsen stammenden Takthilfe beim Getreide-Dreschen kann auch das Phänomen Gruppen-Mobbing beschrieben werden:

2 *Drescher: „Sla tau!"*
3 *Drescher: „Sla du tau!"*
4 *Drescher: „Sla du ook tau!"*
5 *Drescher: „Sla du ook man tau!"*
6 *Drescher: „Sla du ook man noch tau!" (Schlag du auch man noch zu!)*

In der Gruppe stachelt jeder den anderen an draufzuhauen und je länger der Mobbing-Prozess andauert, umso mehr Personen fühlen sich „berufen" mitzutun. In der Beratungspraxis sind – glücklicherweise – die Fälle von Gruppen-Mobbing in der Arbeitswelt in der Minderzahl. Vier Mobber gegen Einen, das war bei mir der Fall mit den meisten Beteiligten. Aber: Viele Hunde sind des Hasen Tod (siehe nachfolgende Fabel).

Wir Menschen stehen schon immer im Spannungsfeld von Ich – Du – Wir. Anders ausgedrückt: *„Eine bereits vorgeburtliche Grunderfahrung ist die Erfahrung engster Verbundenheit. Daraus erwächst die spätere Erwartungshaltung, ja Sehnsucht, irgendwo dazuzugehören. Das spätere Stre-ben nach Autonomie bei gleichzeitiger Verbundenheit - das sind die beiden großen Sehnsüchte des Menschen. Das Dilemma ist: Beides zugleich lässt sich meist nur schwer verwirklichen. Die Balance muss jeder selbst finden. Viele schaffen es nicht."* So der Hirnforscher Gerald Hüther [69].

Schon Martin Luther hatte zwei inzwischen klassisch gewordenen Sätze formuliert: *„Ein Christenmensch ist ein freier Herr über alle Dinge und niemand untertan. Ein Christenmensch ist ein dienstbarer Knecht aller Dinge und jedermann untertan."* Die ersten beiden Sätze aus der Denkschrift

Luthers „Von der Freiheit eines Christenmenschen" aus dem Jahr 1520 und der ganze Text hatten – von ihm selbst ungewollt – bedeutenden Einfluss auf den Deutschen Bauernkrieg, da die aufständischen Bauern den Begriff Freiheit (von Luther in rein theologischem Sinn verwendet) auf ihre weltliche Lebenssituation bezogen und deshalb das Ende der Leibeigenschaft von ihren Grundherren forderten.
Moderner und bezogen auf die Arbeitswelt forderte der Gießener Arzt und Psychosomatiker Horst-Eberhard Richter: *„Es bleibt eine Bedingung für eine Humanisierung der Arbeit an der Basis, dass der Spielraum für Selbstbestimmung und Mitbestimmung erweitert wird."* [70] Das kann angesichts des Unwortes des Jahres 2009 „betriebsratsverseucht" nicht nachdrücklich genug betont werden!

Der österreichische Mediator Ed Watzke [71] hat zum Thema Gruppen-Mobbing eine treffende Fabel veröffentlicht, die an dieser Stelle wiedergegeben sei:

Der Wolf, der Fuchs und der Hase wohnen im selben Haus. Es ist Sonntagnachmittag. Wolf und Fuchs sitzen gemeinsam auf ihrer Terrasse und langweilen sich zu Tode.
„Sag mal Fuchs, ist dir auch so unendlich fad? Was hältst du von ein wenig Spaß und Aktion? Wir könnten doch runter gehen zum Hasen und ihn mal ordentlich verprügeln. Das würde doch richtig Schwung in den öden Sonntag bringen!"
„Naja" meint der Fuchs „das wäre schon ein toller Spaß, aber das können wir doch nicht tun, einfach so den Hasen verprügeln ... das wäre doch nicht fair ... er hat uns ja nichts angetan ... eine Hetz wär's schon."
Darauf der Wolf: „Ich habe eine tolle Idee. Du hast ja Recht. Deshalb geben wir dem Hasen eine Chance. Wir läu-ten an seiner Tür: Wenn er öffnet, gibt es zwei Mög-lichkeiten: Entweder er hat einen Hut auf oder nicht. Öffnet er ohne Hut auf dem Kopf, verprügeln wir ihn, ist er mit Hut, verschonen wir ihn!"
„Okay. So machen wir es!"
Gesagt getan - der arme Hase har keinen Hut auf dem Kopf und wird heftig verprügelt.
Zwei Wochen darauf ist wieder Sonntag. Wiederholt sitzen Wolf und Fuchs auf der Terrasse, von Langeweile geplagt. Der Wolf zum Fuchs: „Was meinst du - wir könnten doch wieder zum Hasen runter und ihn wieder verprügeln ... wie vor zwei Wochen ... das hat doch richtig Spaß gemacht!"

"Das ist doch nicht okay! Er hat uns ja keinerlei Anlass dazu gegeben; das wäre unfair ... aber ein Spaß wäre es!"
Darauf der Wolf: „Ich habe eine coole Idee. Wir geben diesmal eine faire Chance. Wir gehen runter und bitten ihn um eine Zigarette. Gibt er uns eine ohne Filter, verschonen wir ihn, gibt er uns aber eine mit Filter, bekommt er von uns Saures!"
Wird sofort gemacht. Der Hase öffnet, sie ersuchen ihn um eine Zigarette. Darauf fragt der Hase zurück: „Wollt Ihr Zigaretten mit Filter oder ohne?"
Wolf und Fuchs blicken einander überrascht und etwas hilflos an – darauf meint der Wolf zum Fuchs: „Aber auch heute hat er keinen Hut auf!"
Und der arme Hase erhält abermals seine Tracht Prügel.

Aber, so frage ich: Gibt es einen (Haus-)Meister Petz, einen Bären, der solche üblen Handlungen in Zukunft verhindert und den Hasen schützt? [72]

6. Cyber-Mobbing

Unbefugten ist der Zutritt gegen das Schienbein verboten.
Ulrich Erckenbrecht (*1947),
deutscher Schriftsteller und Aphoristiker

Mobbing-Fall 16:

Man kann auch nach dem Prinzip verfahren, dass auf einen groben Klotz auch ein grober Keil gehöre. Das hilft, manchmal. Aber auch nur manchmal. Und nie für lange. Weil man das Übel so nicht an der Wurzel zu fassen bekommt. Und weil Gegengewalt nur neue Gewalt erzeugt.
Klaus Reblin [73]

Ein 25-jähriger Lagerarbeiter wird von den Kollegen seiner Schicht und vom Schichtführer „systematisch fertig gemacht", so dass er jetzt schon in der fünften Woche krank geschrieben ist. „Ich kann da nicht mehr hin, weil ich Angst habe." In den letzten zwei Jahren habe er 30 Kilo abgenommen. „Ich esse jetzt meine Fingernägel." Im Betrieb dürfe er keine Pause machen, sondern müsse durcharbeiten. Bei Neuerungen bekomme er nichts recht erklärt. „Mach!" heißt es nur. In den Hallen, auf den Freiflächen und bezüglich einiger Fahrzeuge gebe es Unsicherheiten und Gefahren (zuviel Staub, längst abgelaufener TÜV), die sicher auch die Gewerbeaufsicht interessieren würden. Er werde schikaniert, gehänselt, ausgegrenzt, weil er entweder zu schnell oder zu langsam arbeite. „Mittlerweile meckere ich zuhause meine Mutter an, obwohl ich das gar nicht will." Sein Hausarzt habe die Weiterbehandlung abgelehnt. Ein Internist will ihn zu verschiedenen Spezialisten überweisen. Nach seinem Stichwort „Mobbing" bei der Agentur für Arbeit sei er lediglich auf die Mobbing-Hotline verwiesen worden – ohne weiteres Gespräch und ohne Hinweise auf offene Stellen. Und jetzt sei noch hinzugekommen, dass er in einem Internet-Chatroom namentlich beschimpft und beleidigt worden sei. Der Absender sei ein Kollege oder mehrere Mitarbeiter in seiner Spedition. Leider habe er die Kraftausdrücke („Kameradenschwein" und Schlimmeres) nicht gespeichert, sie seien mittlerweile verschwunden.

Impulse:

„Dummköpfe besitzen die Kraft der Erbarmungslosigkeit." Diesen Satz von André Kaminski [74] könnte der Lagerarbeiter bestätigen. Er ist ein Beispiel für das, was US-Ärzte jüngst die „Facebook-Depression" insbesondere bei jüngeren Nutzern sozialer Netzwerke im Internet genannt haben. Ihm habe ich u. a. empfohlen, umgehend einen Antrag auf stationäre Reha-Maßnahme zu stellen und sich weg zu bewerben. Gegen das geschehene Cyber-Mobbing könne er sich mangels Beweisen nicht mehr wehren.

Wie verschafft man sich Beweise? Indem man die entsprechenden Inhalte etwa mit einem Screenshot sichert, also im eigenen PC speichert. Ein Screenshot ist ein vollständiges Abbild einer Webseite. Ein solches Abbild kann man zwar nicht mit Windows machen, wohl aber mit einem SiteShooter (manchmal nur mit einem O geschrieben), den man sich kostenlos aus dem Internet herunterladen kann. Diesen Screenshot sollte man dann dem Webmaster schicken und ihn zur Löschung und Sperrung auffordern. Im Internet findet man auch mehr oder weniger preisgünstige Dienstleister, die eine Löschung veranlassen.

Auf keinen Fall darf man auf die Eintragungen antworten: Don´t feed the troll! = Füttere den Troll nicht! Das soll heißen: Gib ihm nicht die Bestätigung, die er sucht, indem du auf seinen Quatsch reagierst! Ein Troll ist im Internet jemand, der es darauf angelegt hat, andere Leute zu nerven, zu verärgern.

Auf die Forderung an die Politik, durch ein Gesetz für einen „digitalen Radiergummi" zu sorgen, zumindest die Haftung der Internetanbieter zu klären und die Täterermittlung zu ermöglichen, antworten IT-Experten, es sei unmöglich, Inhalte im Internet ganz zu löschen, bezüglich Haftung und strafrechtlicher Ermittlung sei die Justiz stärker gefordert. Sie plädieren dagegen für eine effektivere Medienerziehung.

„Ich denke, Mobbing gibt es seit Anbeginn der Menschheit. Früher nannte man es Macht- oder Revierkämpfe, Überlebensinstinkt, Rivalität oder was auch immer. Gemobbt wurde schon an Königshäusern und in allen Bevölkerungsschichten - nur nannte man es eben nicht so. Heute sind eben unsere Mittel

und Wege wesentlich perfider und durch das Internet vollkommen öffentlich. Früher wurde das hinter verschlossener Türe gemacht, heute kann es jeder lesen. Und heute ist die Hemmschwelle einfach viel, viel niedriger, denn jeder, der Internet hat, wird damit konfrontiert, und es gehört einfach zu unserem Alltag dazu. Das bringt natürlich auch den ein oder anderen Menschen erst auf die Idee, seinen Frust damit loszuwerden, andere recht hinterhältig „in die Pfanne zu hauen". Denn darum geht es ja häufig beim Mobbing: Neid, Missgunst, Ehrgeiz... und Frustabbau. Im Internet kann ich so richtig „die Sau rauslassen" und keiner weiß, wer ich bin.... Ich kenne sogar einen Fall, bei dem der Betreiber eines Forums seine eigenen Mitglieder gemobbt hat. Aber das Internet vergisst nie! Und irgendwann einmal kommt dann vielleicht doch heraus, wer hinter dem einen oder anderen Nick verborgen ist. Also lasst uns doch einfach friedlich miteinander umgehen und auch dem Support gegenüber einen respektvollen Umgang pflegen. Dann macht es hier auch wieder Spaß."
So die Antwort von „Nolti" auf die Frage „Was ist Internetmobbing?" in: Gutefrage.net am 4.5.11

Mobbing-Fall 17:

*Wenn man für jeden Donner und Blitz,
den ihr losbrennt mit eurer Zungenspitz,
die Glocken müßt läuten im Land umher,
es wär bald kein Meßner zu finden mehr.*
Friedrich von Schiller (1759-1805),
deutscher Dichter und Dramatiker,
in seinem „Wallenstein"

Der Vater eines Schülers berichtet mir, dass sein Sohn von einem Lehrer angesprochen worden sei, man habe im Internet ein Foto gefunden, das ihn auf einem Stuhl in einem verwüsteten Klassenzimmer zeigt. Er habe mindestens damit zu rechnen, von der Klassenfahrt ausgeschlossen zu werden. Der Sohn habe dem Vater erzählt, das Foto sei mindestens drei Jahre alt; er habe bei der Demolierung des Klassenzimmers nicht mitgewirkt. Er wisse nicht, wer das Foto gemacht habe und wie es ins Internet gestellt worden sei. – Eine weitere Reaktion darauf ist glücklicherweise nicht erfolgt.

Impulse:
Unter Cyber-Mobbing versteht man die Drangsalierung anderer Menschen mit Hilfe elektronischer Kommunikationsmittel durch einzelne Personen oder durch Gruppen über das Internet, etwa bei Facebook, SchülerVZ, StudiVZ oder auf entsprechenden anderen Seiten. Dabei werden die Opfer durch Bloßstellung, permanente Belästigung oder durch Verbreitung falscher Behauptungen gemobbt. Die Täter werden in diesem Zusammenhang auch als Bullies bezeichnet. Chefs, Kollegen, Lehrer oder Außenseiter-Schüler sollen schikaniert werden, man versucht, Konkurrenz klein zu halten oder Freunden zu imponieren; schließlich können Mobbing-Opfer selbst zu Tätern werden, wenn sie sich wehren oder rächen. Eine Sonderform ist etwa das Portal „Spickmich", in dem Lehrer und Dozenten bewertet werden. Erste wissenschaftliche Untersuchungen besagen, dass in Deutschland derzeit etwa jeder fünfte Jugendliche beteiligt ist bzw. dass 14 Prozent schon einmal im Internet beleidigt oder verleumdet wurden. Mittlerweile gibt es wohl keine Schule mehr, die davon nicht betroffen wäre. Manche Mobbing-Opfer wussten sich nicht anders zu helfen, als die Schule zu wechseln [75].

Das weitgehend anonyme Internet, das vom freien „Zutritt" lebt, aber kaum „Unbefugte" kennt, kann zu einem Enthemmungseffekt führen, weil es so gut wie keine Kontrollen gibt. In gravierenden Fällen sollte bald die Polizei eingeschaltet werden und zugleich beim Portalbetreiber die Löschung der Datei(en) beantragt werden. Cyber-Mobbing, die Rechtsprechung nennt das „Schmähung im Internet", ist in der Regel strafbar [76]. Präventiv müssen Unrechts- und Verantwortungsbewusstsein gestärkt werden.

7. Schlaflosigkeit und Alpträume

*Es ist nicht gut, wenn du den Ballast von morgen
schon heute in dein Schiff legst, dann muss es ja untergehen.*
Hermann von Bezzel [77]

Wir leben in einer heillosen Welt. Die technisch ständig perfektionierte Arbeits- und Umwelt wird von nicht wenigen als dämonisch empfunden, die Alpträume von Zerstörung und Untergang verursacht. Mit welcher Grausamkeit wird zuweilen das Menschliche den realen Mächten geopfert! Das kann dazu führen, dass man „häufig in depressiven Grübelschleifen gefangen"[78] ist.
Mobbing-Erfahrungen führen zu einem gewaltigen Stress, ja zu Traumatisierungen. Schon am Tag beobachten Menschen an sich Konzentrationsschwierigkeiten und eine Reizbarkeit, die am Arbeitsplatz und auf der Autofahrt nach Hause zu Fehlern führen. Nachts können sie auch aus Angst vor dem Morgen nicht mehr schlafen. Die negativen bis panischen Gedanken drehen sich im Kopf wie in einem Hamsterrad und verursachen Angstträume, weil das Tagesgeschehen und traumatisierende Erlebnisse nicht verarbeitet sind. Vom geträumten Fallen, Weglaufen, Fliegen, ohnmächtigen Gelähmtsein oder gar Sterben wacht man immer wieder auf, schreckt sogar hoch, oft schweißgebadet.
Für vier Millionen Menschen in Deutschland werden die Nächte zur Qual und die Tage zur Strapaze, weil sie von schweren Schlafstörungen geplagt sind; 20 Millionen Arbeitnehmer sind von schwächeren Formen betroffen. Lehrer, Polizisten und Kraftfahrer sind am häufigsten von Schlafstörungen betroffen und sind die Berufsgruppen allgemein, bei denen Stress am Arbeitsplatz der Auslöser ist. Die Schlafmediziner weisen darauf hin, dass es zahlreiche und verschiedenartige Hilfen gibt, für die Diagnosen etwa die 323 Schlaflabore[79]. Denn schlechter Schlaf kann auf Dauer zu Depressionen führen.

Wir Menschen haben oft die Neigung, einen äußeren Schuldigen zu finden und projizieren alles Unliebsame auf geeignete Figuren. Das ist insofern ganz interessant, als Alpträume selten von realen, äußerlichen Gefahren erzählen. Meistens geht die Bedeutung in die Richtung des so genannten Schattens, der eigene, tief unbewusste Anteile darstellt. Es sind also mehrheitlich eigene, innere Persönlichkeitsanteile, die im

Traum ihr Unwesen treiben und so einen Alptraum verursachen. Diese Grundregel zum Deuten der Alpträume kennt aber auch Ausnahmen. Alpträume sind ein ernst zu nehmendes Warnzeichen wenn sie öfters auftreten, insbesondere als mehr oder weniger gleich bleibender Wiederholungstraum. Ein innerer Konflikt drängt auf diese Weise mit Macht nach einer Lösung, ein stark verdrängter Persönlichkeitsanteil lässt sich nicht weiter verdrängen und muss angenommen werden. Alpträume bergen ein großes Entwicklungspotential und sollten ggf. im Rahmen einer Psychotherapie behandelt werden. Denn die Botschaft der Träume muss immer im Leben eine Umsetzung erfahren. Beim Albtraum ist das unverzichtbar, allein die Bedeutung herauszufinden genügt nicht.

Kommt ein Sterbeerlebnis im Traum vor, so ist in der Regel nicht davon auszugehen, dass man selbst oder ein Angehöriger in Kürze sterben wird. Lediglich ein Teil des bisherigen Lebensvollzuges soll absterben, eine bestimmte Phase soll enden und sich wandeln. Kommt eine Tötungshandlung vor, kann das ein Bedürfnis des Träumenden nach Gewalt symbolisieren, Gewalt, die sich insbesondere gegen sich selbst richten kann.

Es gibt eine Fülle von Ratschlägen und Hilfen zum besseren Ein- und Durchschlafen, wobei insbesondere auf den bewussten abendlichen Wechsel von Arbeit in Freizeit und auf Bewegung hinzuweisen ist. Zwanzig Minuten mit dem Hund Gassi gehen reicht übrigens bei weitem nicht.

Fazit: Negativer Stress macht Angst – Angst macht schlaflos – Schlafprobleme machen depressiv - Depressionen lähmen die Lebensfreude und die Motivation. Es gilt, aus dieser Abwärtsspirale herauszukommen! Das gelingt oft nur mit einem oder mehreren Fachleuten.

8. Zorn und Rachegedanken

Rache ist süß – aber vollzogen bitter.
So sagt der Volksmund.
Dürste nicht nach Rache und Blut!
Vergeben wäre wohl so gut.
Matthias Claudius,
Sämtliche Werke des Wandsbecker Boten (1803)

Mobbing-Fall 18:
Die Rache ist der Stachel einer Biene, die sich selbst tötet,
wenn sie es ihrem Feind zu tun glaubt.
Bilder ohne Rahmen, 1856

Ein ausgebildeter Kampfsportler erzählte, er hätte beinahe seinen Vorgesetzten verprügelt, weil der ihn immer wieder und zuletzt bis zur Weißglut gereizt hatte. Er hätte genau gewusst, wo und wie er ihm besonders heftige Schmerzen hätte zufügen können.

Impulse:
Einzelne Mobbing-Betroffene hatten Mut und haben wenigstens mir von ihren Rachegedanken erzählt: „Ich hätte der Kollegin nach einem erneuten subtilen Angriff auf mich liebend gern eine reingepfeffert; aber die ist zu gewieft." So sagte mir eine Physiotherapeutin wütend und weinend und berichtete, dass sie abends oft Atemschwierigkeiten bis hin zu Panikattacken bekäme
In den Medien konnte man unter der Überschrift „Rache per Post" Folgendes lesen [80]: „Ein findiger Franzose hat mit Unterstützung eines Bauern einen bitterbösen Internet-Service aufgebaut. Frustrierte Arbeitnehmer können über eine Web-Seite ein Päckchen mit Kuhmist an eine beliebige Adresse verschicken lassen: „Ihr Chef oder irgendein anderer Feind? Haben Sie Lust, sich abzureagieren oder sich zu rächen? Zögern Sie nicht!" So preist www.fumier.com den 8,50 Euro teuren Service an (plus Porto)." Ein zufriedener Arbeitnehmer ist ein besserer Arbeitnehmer und käme nie auf einen solchen Gedanken.

Außer Blumen kann man übrigens neuerdings auch per Anruf oder Mail einen Gruß mit einer Torte verschicken: www.scake.com ...

Mobbing-Fall 19:

Rächt euch nicht selbst, sondern lasst Raum für den Zorn Gottes;
denn in der Schrift steht (5. Mose 32,35.41):
Mein ist die Rache,
ich werde vergelten, spricht Gott der Herr.
Lass dich nicht vom Bösen besiegen,
sondern überwinde das Böse durch das Gute!
Römer 12, 19.21

Eine Arbeitnehmerin wurde schon lange von Kolleginnen und Kollegen drangsaliert. Sie hat mir wiederholt erzählt, sie wolle an die Presse gehen und diese Schweinereien anprangern. Nun hat sie sich entschieden, zu kündigen und sich aufgrund einer Weiterbildung beruflich neu zu orientieren. „Aber bei meiner Verabschiedung werde ich denen ordentlich den Marsch blasen. Ich werde ihnen kein Glück wünschen, sondern Unglück!"

Impulse:
Zur Zeitung gehen? Ich rate eher ab, weil es von Firmenseite wie ein Anprangern aufgefasst wird. Dazu bräuchte man viel Kraft und Durchhaltevermögen, denn auf derartige Presse-Artikel reagieren Arbeitgeber eher mit (noch mehr) Druck. Einen Brief an den Arbeitsminister oder an den Bischof schreiben schadet nicht, nützt aber meist wenig, außer dass man selbst nicht in der „Gefühls-Trance" hängen bleibt, sondern aus der Lethargie heraus kommt und das Gefühl bekommt, aktiv gegen sein Schicksal anzugehen. Eher sinnvoll erscheint es, einen Brief an den eigenen Berufsverband, an die zuständige Gewerkschaft oder an den/die örtliche/n Pfarrer/in zu richten. Ein Buch schreiben? Annette Pehnt hat mit ihrem Roman „Mobbing" Erfolg gehabt[81] Aber das ist nur wenigen vergönnt. Die Autorin Christine Brückner rät [82]: „Es ist besser, aus seinen Konflikten Gedichte zu produzieren als Magengeschwüre oder Gallensteine." Oder Bilder zu malen oder Musik zu machen oder... Die Wissenschaft hat mittlerweile bestätigt, dass es vielen Menschen hilft, wenn sie ihre Ängste aufschreiben, weil sie so ihre Gedanken ordnen und dadurch Nervosität lindern und den Kopf vom lähmenden Druck befreien [83].

Mobbing-Fall 20:

*Du darfst nicht denken, dass dir der Friede nachlaufen wird;
im Gegenteil: Zorn, Unfriede und Rache werden dir nachlaufen,
sodass du Böses mit Bösem zu vergelten bewegt wirst.
Aber kehre dieses Blatt um: Suche du selbst den Frieden!*
Martin Luther

Einem Vorgesetzten haben Mitarbeiter eine Bratpfanne an seinen Schreibtisch geschweißt - nach der Redensart: Das ist einer, der andere in die Pfanne haut.

Impulse:
In diesem schon seit langem schwelenden Konflikt ist offenbar versucht worden, „den Spieß umzudrehen". Nach ihrer „Schweiß-Arbeit" hatten diese Mitarbeiter bestimmt ein Gefühl der Genugtuung, vielleicht vermischt mit Bitterkeit. „O süßer Tag der Rache!" dichtete Ernst Moritz Arndt, in seinem „Vaterlandslied" aus dem Jahr 1812. „Wut tut gut." Aber hat sich nach dem Zornausbruch etwas in der Zusammenarbeit geändert? Wahrscheinlich geht das „Wolfstheater", der Kampf der Wölfe gerade weiter, das Betriebsklima wird noch kälter.
„Jemanden in die Pfanne hauen" heißt, ihn durch Kritik vernichten, bei ihm Schaden anrichten. Der Ausdruck kommt von der Erfahrung, dass alles, was in die Bratpfanne wandert, nicht mehr lebendig ist. In dem Film „An Englishman in New York" (2008, auch Musiktitel von Sting) kommt ein Engländer zum ersten Mal in die USA. Dem nach Orientierung suchenden Gentleman gibt ein Bekannter folgende Lektion: „Hier in den USA wird im Wesentlichen landauf landab ein Spiel gespielt, und dieses Spiel trägt den Titel: `Wer haut wen in die Pfanne?'!" Bei uns in Deutschland scheint dieses Spiel offenbar auch weit verbreitet zu sein... [84] In diesem Beispiel ist die Hauptfrage: Wer ergreift die Initiative, etwas zum Positiven hin zu tun, etwa eine Supervision oder Mediation anzuregen?
„Urfehde schwören" bedeutete in früherer Zeit, unter Eid versprechen, sich an niemandem zu rächen, weder am Gegner im Prozess noch an den Richtern oder an der Gemeinde. Auch ohne dass es zu einem Arbeitsgerichtsprozess gekommen ist, sollten Betroffene heutzutage auf Rache oder auf (Cyber-) Stalking verzichten. Das ist leichter ge-

sagt als getan, denn: Insbesondere aus der stationären Therapie und Psychiatrie weiß man, dass psychische Reaktionen und psychosomatische Erkrankungen, die aus einer Kombination von einer Krise bzw. einem Trauma und einer „Rechtskränkung" entstanden sind, besonders schwer zu behandeln sind. Rechtskränkung ist ein Begriff, den schon Leymann in seinem Mobbing-Buch verwendet hat. Gemeint ist der zusätzliche Zorn aufgrund von unberechtigten Abmahnungen, Strafversetzungen, rechtswidrigen Kündigungen, aus Beweisnot verlorenen Arbeitsgerichtsprozessen oder erfolglosen Strafanzeigen. Aus dem vorangegangenen Spießrutenlauf, also aus den erlittenen „allgemeinen" Mobbing-Handlungen wie Schikanen, Anschweigen, Anbrüllen, Gerüchte in die Welt setzen usw., kann durch (zusätzlichen) Rechtsbruch oder durch (empfundene) Rechtsverweigerung letztlich sogar ein Amoklauf entstehen…
Das klassische Beispiel für Folgen einer solchen Rechtskränkung ist Michael Kohlhaas, in der Novelle von Heinrich von Kleist aus dem Jahr 1810 beschrieben: In seinem Rechtsfanatismus ist er bereit, sich und die Welt zu zerstören.

Ein modernes Literatur-Beispiel ist der Roman „Finks Krieg" von Martin Walser: [85]

Wie weh Unrecht tut, wissen die Bonzen nicht. Der Beamte Fink sprach es nicht aus, er wollte nicht für wehleidig gehalten werden, aber er glaubte, es gebe nichts, was mehr weh tut als Unrecht. Kein Schmerz reicht so tief in einen hinein, quält einen so durch und durch wie das Unrecht, das einem angetan wird. Unrecht tut in der Seele weh. … Wirf dich vor den Zug. Jetzt. Schleich aus dem Haus. Lauf zum Bahnhof, dann auf das Gleis.
Manchmal verstand ich, dass man Terrorist werden konnte.

9. Lügen

Es wird nie so viel gelogen wie 1. vor einer Wahl, 2. im Krieg, 3. nach der Jagd.
Otto von Bismarck

Zu ergänzen ist natürlich: 4. bei Gericht, 5. auf Beerdigungen, 6. bei Bewerbungen, 7. in Arbeitszeugnissen, 8. in Bilanzen und Statistiken, 9. bei der Einkommensteuererklärung, 10. im Restaurant auf die Frage „Hat es geschmeckt?" - Streitgegenstand bei den deutschen Arbeitsgerichten waren im Jahr 2006 über 30.000 ausgestellte Arbeitszeugnisse; das waren 5 Prozent aller Arbeitsgerichtsprozesse!

Mobbing-Fall 21:

Nicht der Mörder, der Ermordete ist schuldig.
Franz Werfel [86]
meint damit, dass das Opfer selbst schuld sei,
wenn der Täter sich zum Handeln veranlasst sehe –
eine verdrehte, aber nicht seltene Sicht.

Der Chef, ein Mediziner, sagt zur Mitarbeiterin, nachdem er einen Fehler von ihr entdeckt hat – vor Kolleginnen: „Sie machen **alles** falsch!" Bei manchen Abrechnungen werde sie gezwungen, zu lügen und falsche Daten einzutragen, die einen höheren Wert ergeben.

Impulse:
Kritik heißt, wörtlich aus dem Griechischen übersetzt, „unterscheiden". Immer Fehler oder nur manchmal? Loyal oder betrügerisch? Das wäre hier zu fragen. Kritik vom Chef ist in Ordnung, wenn sie berechtigt ist und sachlich und ohne Zuhörer vorgetragen wird. Wenn der Chef zugleich der Inhaber eines solchen kleinen Betriebes ist, hilft bei dieser Art von pauschaler Kritik und öffentlicher Abwertung, ja Demütigung kaum etwas. Er wird sich meist nicht auf einen externen Vermittler oder „Klimaverbesserer" einlassen. Und so stirbt die Angestellte immer wieder kleine Tode und meint vielleicht sogar, dass sie selbst (mit) daran schuld ist. Meist bleibt dann nur die Flucht, also

eine Eigenkündigung. Und diese Mitarbeiterin sollte eine fachkundige Begleitung und Beratung in Anspruch nehmen.

Mobbing-Fall 22:

In meiner Bestürzung sagte ich:
Alle Menschen sind Lügner!
Psalm 116, 11

Eine Arbeiterin aus Ostberlin bemerkt den häufigen Materialklau der Kollegen und spricht diese an. Daraufhin wird sie unter Druck gesetzt mitzumachen. Als sie sich weigert, wird sie von ihnen ausgegrenzt. Sie kann jedoch aufgrund ihrer Ehrlichkeit nicht länger schweigen, hat aber wegen der „alten Seilschaften" Angst, die Diebstähle anzuzeigen.

Impulse:
Diese Frau hat sich auch wegen ihres Gewissensdruckes gemeldet. Um den loszuwerden, so habe ich ihr geraten, sollte sie sich an einen Vorgesetzten wenden, eventuell nicht an den direkten, sondern eine Etage höher. Hoffentlich bekommt sie von dort auch Unterstützung und notfalls Schutz.
Der Druck unter Kollegen im klassischen Arbeiterbereich ist manchmal massiv. Nur selten wird eine Firma bereit für eine Konfliktschlichtung sein. Meist werden lieber Kontrollmaßnahmen verschärft oder ein Detektiv eingesetzt.
„Gute Lügner sind besonders beliebt." So lautete das Ergebnis einer Studie aus den USA aus dem Jahr 1999, die damit die Ansicht vieler Verhaltensforscher unterstützt, dass Lügen „eine soziale Fähigkeit" sei. Neuere Erkenntnisse von Psychologen, Anthropologen und Neurobiologen besagen, dass Lügen „ein essentieller Bestandteil unserer sozialen Intelligenz" sei, so das Magazin „Gehirn und Geist" [87]. Der Mensch verdanke „die Vergrößerung seines Gehirns dem evo-lutionären Druck, immer effizienter schwindeln zu müssen".
„Warum lügen wir? Die tägliche Konfrontation mit der Unwahrheit." So titelte eine Wochenzeitung. Und tatsächlich: 74 Prozent der Deutschen meinen, dass man aus Höflichkeit, Liebe, Rücksicht und um andere zu schützen, manchmal einfach lügen muss. Im Gegensatz dazu fühlen

sich 75 Prozent tief verletzt, wenn sie herausfinden, dass sie selbst belogen wurden. Das mag ein Grund mit sein, dass generell Vertrauen zueinander abgenommen hat.

Traurig, aber wohl wahr: In Betrieben wird über so genannte Ehrlichkeitstests nicht nur diskutiert. Bei solchen Zuverlässigkeitstests verschafft der Arbeitgeber oder ein von ihm beauftragter Detektiv einem Mitarbeiter bewusst und gewollt die kontrollierte und beobachtete Möglichkeit zu einer Arbeitsvertragsverletzung oder sogar zu einer gegen den Arbeitgeber gerichteten strafbaren Handlung. Zumindest die Anstiftung zu einer Straftat ist verboten – so „reizvoll" es wäre, ein Beweismittel für den Geld- oder Warenschwund und damit für eine Kündigung zu bekommen.

Auch zumindest bedenklich: das vom Bundesarbeitsgericht anerkannte „Recht auf Lüge" bei unzulässigen Fragen im Bewerbungsgespräch, konkret bezüglich einer Bewerberin auf die Frage, ob sie schwanger sei. Statt mit „Nein" zu antworten, obwohl sie weiß, dass sie schwanger ist, und dadurch zu lügen, könnte sie – ausweichend - sagen: „Mein Mann und ich wissen nicht, ob ich mal ein Kind gebären werde." Oder: „Ich möchte Ihnen eine Gegenfrage stellen: Was tut Ihr Unternehmen für Mitarbeiterinnen mit Kindern?"
Ungeachtet dessen, was oben gesagt wurde, ist es wissenschaftlich auch erwiesen, dass Menschen von allen Werten am meisten die Ehrlichkeit wünschen und anerkennen, auch in der Arbeitswelt[88].

Mobbing-Fall 23:

Der erste Dienst, den einer dem anderen in der Gemeinschaft schuldet, besteht darin, dass er ihn anhört.
Im Jahr 1939 schrieb Dietrich Bonhoeffer diesen Satz [89], obwohl Zuhören eigentlich eine Selbstverständlichkeit sein sollte.

Die Geschäftsführerin einer Universitäts-Fakultät wirft einer Mitarbeiterin, die schon 18 Jahre dort arbeitet, unter anderem vor, sie habe „den Schrankschlüssel absichtlich versteckt", sie sei „eine Lügnerin und Diebin", sie habe „die Eingangspost unterschlagen". Deren Versuch, eine Aussprache herbeizuführen, blieb erfolglos: „Verlassen Sie sofort mein Büro! Ich kann Sie nicht mehr sehen."

Impulse:
Rangeleien, Schikanen, Erniedrigungen sind leider im Öffentlichen Dienst und im Gesundheitswesen keine Seltenheit. Umgekehrt ist in solchen Großorganisationen die Bereitschaft für eine angemessene Konfliktlösung höher als anderswo. Hier könnte eine Mediation weiter helfen als die üblichen (Dienstaufsichts-)Beschwerden.
Immer wieder wird suggeriert: Das Opfer hat (selbst) schuld, nicht der Täter. Oder: Der Überbringer der schlechten Nachricht bekommt Prügel. Jedenfalls hört man sehr häufig, dass versucht wird, jemandem die Schuld für etwas in die Schuhe schieben. Gefragt sind daher Standhaftigkeit, Verlässlichkeit, Treue. Genau das meint die Ur-sprungsbedeutung des Wortes „Wahrheit"! Der Ehrliche ist, und das können Menschen immer wieder bestätigen, nicht der Dumme, sondern der Beschenkte.

In diesen Zusammenhang gehört die Sache mit den Maultaschen und den Pharisäern: Die „Herrgottsbescheißerle" sind zur Fastenzeit erfunden worden. Die Schwaben meinten, Gott könne das Fleisch im Teig nicht sehen! Genauso heuchlerisch ist es, wie die Nordfriesen ihren Kaffee mit Rum „veredeln", ihn aber mit einem Sahnehäubchen bedecken, damit man den Alkohol nicht riechen soll.

Eine Altenpflegerin hatte im Jahr 2009 sechs Maultaschen aus der Heimverpflegung mit der Überlegung eingesteckt, die Essensreste landeten sonst im Müll. Der Arbeitgeber erfuhr aber davon und erklärte ihr wegen des zerstörten Vertrauens fristlos die Kündigung. In zweiter Instanz wurde der arbeitsgerichtliche Streit im April 2010 mit einem Abfindungsvergleich beendet. Der Richter hatte erklärt, eine Abmahnung hätte bei einem solchen Bagatelldiebstahl ausgereicht; er hätte, falls eine Beendigungsvereinbarung vor Gericht nicht zustande gekommen wäre, auch aufgrund der 17-jährigen Betriebszugehörigkeit der Mitarbeiterin die Kündigung für rechtswidrig erklärt.
Was sind das für Kündigungen wegen Lappalien, die in die Schlagzeilen der Medien gekommen sind?! Spielt auch hier die Knauserigkeit eine Rolle (wie beim Lob, siehe oben „Impulse zu Fall 1")?

Angefangen hatte es in der Rechtsprechung mit dem „Bienenstich-Fall": Eine Bedienung hatte sich ein Stück Bienenstich-Torte „genehmigt". Sicher, ein Diebstahl, das Bundesarbeitsgericht hatte 1984 die darauf gestützte Kündigung anerkannt. Die Vermutung besteht aber, dass der Arbeitgeber diese Mitarbeiterin aus anderen Gründen loswerden wollte.

Seit 2009 mehren sich jedoch die Kündigungsfälle auch von langjährig Beschäftigten. Grund: jeweils Diebstahl bzw. Unterschlagung von

- zwei liegen gebliebenen Leergut-Bons im Wert von 1,30 € (51-jährige Kassiererin nach 31 Dienstjahren); nach langem für sie erfolgreichen Prozess darf „Emely", wie sie in der Presse genannt wurde, wieder an der Kasse arbeiten,
- einigen gebrauchten Kartons (50-jähriger Mitarbeiter),
- Strom: Ein 41-jähriger Computerfachmann hatte den Akku eines privat gemieteten Elektrorollers rund eineinhalb Stunden an einer Steckdose des Betriebes aufgeladen; Schaden: 1,8 Cent.
- einer Teewurst (seit 18 Jahren beschäftigte schwerbehinderte Pflegehelferin),
- einem Reisebettchen, vom 29-jährigen Müllarbeiter aus dem Müll gezogen; die Kündigung wurde vom LAG Mannheim für nicht rechtens erklärt,
- Hirtenfladen-Brötchenaufstrich (zwei Bäcker im Alter von 44 und 26 Jahren)
- zwei halben Brötchen plus einer Frikadelle (59-jährige Sekretärin nach 34 Dienstjahren); dazu das Zitat des Bundesarbeitsgerichts: „Es gibt Frikadellen, aber keine Bagatellen."

Die Rechtsprechung der Arbeitsgerichte zu Bagatellfällen scheint zu kippen: Beim Diebstahl einer geringwertigen Sache wird vermehrt eine Abmahnung für ausreichend und eine Kündigung, zumal eine fristlose, für rechtswidrig gehalten, vielleicht nach der alttestamentlichen Weisung: „Du sollst dem Ochsen, der da drischt, nicht das Maul verbinden.". Dass es auch Missbrauch gibt, steht auf einem anderen Blatt.

10. Bosheit

Tugend will ermuntert sein,
Bosheit kann man schon allein!
Wilhelm Busch, Plisch und Plum

Der böse Trieb ist zuerst dünn wie Spinnfäden;
bald aber wird er stark wie Wagenseile.
Aus dem Talmud, 3. Jahrhundert n. Chr.

Der Schriftsteller Ernst Wiechert [90] hat in einem kurzen Satz den eigenartigen Zusammenhang von Gut und Böse formuliert: „Wir bedürfen des Bösen, um gut zu sein." Inhaltlich nimmt er Bezug auf das Paulus-Wort aus Römer 12,21: „Lass dich nicht vom Bösen überwinden, sondern überwinde das Böse mit Gutem."

Mobbing-Fall 24:

Nichts bist Du, nichts ohne die anderen.
Der verbissenste Misanthrop braucht die Menschen doch,
wenn auch nur, um sie zu verachten.
Marie von Ebner-Eschenbach.
(Das Gegenteil wäre der Philanthrop, der Menschenfreund.)

Eine Angestellte in einem Getränkehandel wollte mal einen Betriebsrat gründen, um sich und andere vor ihrem cholerischen Chef besser zu schützen. Er spricht die Mitarbeiter nicht mit Namen an, sondern schreit einfach einen Satz in den Raum. Weitere Sätze von ihm: „Alle Mitarbeiter sind geistig behindert." – „Ihre Hose sitzt zu locker. Ich will mich vor den Kunden nicht für Sie schämen müssen." Diese Angestellte war aber zuvor 30 Jahre im Außendienst beschäftigt gewesen und weiß daher, was sich kleidungsmäßig gehört. – „Sie sind so eine faule Frau, dass Sie bestimmt 100 Jahre alt werden." – „Sie haben einen schlechten Charakter, weil Sie sich so gut konzentrieren können." – Einmal hatte sie ihm einen betrieblichen Verbesserungsvorschlag gemacht. Da hat er sie angeschrieen. Sie: „Ach so, ich darf hier nicht denken." Er: „Hier

wird nur gemacht, was ich sage." - Einmal wurde sie von ihrem Vorgesetzten angefahren: „Du Teufel!"
Diese Frau sprach wegen der Gründung eines Betriebsrates eine Kollegin an. Diese antwortete: „Das können wir unserem Chef doch nicht zumuten!" Was er ihnen zumutet, machte ihr offenbar nicht so viel aus...

Impulse:
Gegenüber solch einem Chef sich auch nur zu behaupten, fällt schwer, auch wenn man etwa in punkto Kleidung die Rechtsprechung hinter sich weiß: (Selbst) Besitzer von Modegeschäften haben gemäß einem Urteil des Düsseldorfer Arbeitsgerichtes[91] nicht das Recht, ihren Verkäuferinnen vorzuschreiben, welche Kleidung sie im Betrieb zu tragen haben.
Von seinem eigenen schlechten und schwachen Charakter, von seinem Unglücklichsein und von seinen Zumutungen will dieser Chef mit seiner Mischung aus Banalität und Brutalität nichts hören. Gerade solche Menschen brauchen auch um ihrer selbst willen Begrenzungen. Ein Betriebsrat kann in einem Unternehmen dazu beitragen, dass die Macht der Geschäftsleitung begrenzt, Willkür reduziert wird, und die Bedürfnisse der Mitarbeiter besser erfüllt werden. Diese Frau braucht nicht nur Unterstützung von Kollegen, sondern auch von der zuständigen Gewerkschaft; sonst hat sie keine Chance.

Benjamin Franklin (1706-1790), US-amerikanischer Politiker, formulierte einmal: *Nach meinen Beobachtungen sind streitsüchtige, stets widersprechende und widerlegende Leute gewöhnlich sehr unglücklich in ihren eigenen Angelegenheiten. Sie tragen zwar zuweilen den Sieg davon, ernten aber niemals Dankbarkeit, die ihnen von größerem Nutzen sein würde.*
Es gilt aber auch die Mahnung eines Unbekannten: „Wenn du mit einem Idioten streitest, pass auf, dass dieser nicht dasselbe tut."

Rousseau hatte behauptet, dass der Mensch von Natur aus gut sei. Diese These ist seither von vielen namhaften Denkern als Irrtum erkannt und verworfen worden. Es stehen immer wieder nebeneinander Heiligkeit und Bosheit, Trieb und Askese, Bordell und Kloster. Siehe die aufgedeckten Missbrauchsfälle in Klosterschulen. Friedrich Nietzsche nannte es die „Bestie" im Menschen, die zuweilen ihre Fratze zeigt!

So stammt auch die Bezeichnung „Humankapital" (teilweise) aus solchem Denken: Die Verwendung dieses Begriffs degradiere nicht nur Arbeitskräfte in Betrieben, sondern mache den Menschen allgemein zu einer nur noch ökonomisch interessanten Größe, begründete die Jury der Deutschen Gesellschaft für Sprache die Wahl dieses Wortes zum Unwort des Jahres 2004 (was von den Wirtschaftswissenschaften kritisiert wurde). Die verschiedenen Lebensbezüge dürften nicht primär ökonomisch bewertet werden. Wegen seiner „kalten Fusion von Wirtschaft und Menschlichkeit" erinnere das Wort stark an das von der Jury zum „Unwort des Jahrhunderts" erkorene Wort „Menschenmaterial", das erstmals 1854 bei Theodor Fontane vorkam und später von Karl Marx im „Kapital" verwendet wurde, um den Kapitalismus anzuprangern.

11. Chefinnen und Chefs – im Konflikt von Recht, Macht und Fürsorge

Der Fürst ist der erste Diener des Staates.
König Friedrich II. [92]

*Ein großer Mann zeigt seine Größe durch die Art,
wie er kleine Leute behandelt.*
Thomas Carlyle, englischer Sozialpolitiker und Historiker

*Den Charakter eines Menschen erkennt man erst,
wenn er Vorgesetzter geworden ist.*
Erich Maria Remarque, deutsch-amerikanischer Schriftsteller

„Geh nicht zu deinem Fürst, wenn du nicht gerufen wirst!" So sagt der Volksmund aus seiner Perspektive. Das Gespräch mit dem Vorgesetzten oder mit dem Chefchef suchen ist unerlässlich, wird aber von manchen als der Gang „in die Höhle des Löwen" bezeichnet. Das Bild stammt aus der Fabel von Äsop vom Fuchs und dem Löwen: Der Löwe hat sich krank gestellt und den Fuchs in die Höhle gebeten, ihm zu helfen, in Wirklichkeit, dass er ihm leicht zur Beute falle. Der Fuchs wurde stutzig, als er sah, dass in die Höhle viele Tierspuren hinein führten, aber keine heraus... Da ist dann eine generelle Schwellenangst nicht verwunderlich, auch wenn sie in anderen Situationen nicht angebracht ist, etwa vor dem Griff zum Telefonhörer, um eine Mobbing-Beratung oder die Telefonseelsorge anzurufen.

Die Soziologin Bärbel Meschkutat von der TU Dortmund beschreibt das Denken und Verhalten von manchen Vorgesetzten so [93]:

Es kann kein Mobbing sein,
- *weil es Mobbing gar nicht gibt – das ist doch nur eine Modeerscheinung;*
- *weil schon kleinste Unstimmigkeiten als Mobbing bezeichnet werden;*
- *weil ich das als Führungskraft mitbekommen hätte – sonst hätte ich versagt;*
- *weil der Beschuldigte sich immer vernünftig verhält und gute Arbeit leistet
  – meine Menschenkenntnis trügt doch nicht.*

Oder es ist Mobbing und Vorgesetzte verfallen in Aktionismus.

Chefs haben nicht nur mit dem Mobber ein Problem, sondern ein zusätzliches auch mit dem Opfer, das sie über die Schikanen informiert hat. Ihre leider nur allzu häufigen Reaktionen: Wegschauen („Das erledigt sich von selbst!") oder dem Opfer die Schuld in die Schuhe schieben. Der Überbringer der schlechten Nachricht bekommt ja in der Regel die Prügel. Die Sache klein reden, sich nur halbherzig des Opfers annehmen, aber ihm einen wirklichen Schutz verweigern.

Oder sie greifen effektiv ein durch Maßnahmen gegen den/die Täter durch Abmahnung, Versetzung, Kündigung. Tun sie das nicht, machen sie sich mitschuldig! Sie haben dann ihre Führungsverant-wortung verletzt, persönlichen Schaden von Mitarbeitern nicht verhindert, zugelassen, dass sich das Betriebsklima verschlechtert und dass der Betrieb höhere Lohnfortzahlungskosten durch krankheitsbedingte Ausfälle hat. Führung ist mehr als eine Organisationstechnik! Dummerweise entwickeln Männer laut einer spanischen Studie erst in mittlerem Alter ein Gespür für die Folgen ihres Handelns, also im Fall eines eigenen Fehlverhaltens ein Schuldgefühl. Da wir in Deutschland zu viele zu junge Vorgesetzte haben, verwundern die folgenden Zahlen einer Studie der Universität Hamburg, über die der Bonner Informationsdienst „Neues Arbeitsrecht für Vorgesetzte" berichtete [94], nicht: 74 Prozent der befragten Angestellten kritisierten die Unfähigkeit ihres Chefs, sein Team zu motivieren und die Leistungen der Mitarbeiter anzuerkennen, 67 Prozent vermissten Anreize zur Weiterentwicklung, 64 Prozent meinten, dem Chef fehle selbstkritisches Denken, 63 Prozent sehen keine oder kaum eine Chance, sich bei ihrem Chef kritisch äußern zu können. - Insgesamt sehr schlechte Noten für die Chefs! Dass diese dann trotz alledem noch gut schlafen können, verwundert nicht nur, sondern macht zusätzlich zornig.

„Mein Sohn, sei mit Lust bei den Geschäften bei Tage, aber mache nur solche Geschäfte, dass du bei Nacht ruhig schlafen kannst!" So sprach der alte Buddenbrook in dem im Jahr 1901 veröffentlichten Roman von Thomas Mann (1875-1955), und dieser Satz sei lange Zeit der Wahlspruch des Hauses gewesen. Den Niedergang des Geschäftshauses begründete Mann auch damit, dass diese Maxime vergessen worden sei. Vielleicht ist es auch einfach so, dass Vorgesetzte zu wenig schlafen. Laut einer Umfrage des Instituts für Demoskopie Allensbach klagte die

Mehrheit der Manager, sie seien häufig unausgeschlafen. Die Folgen kann sich jeder aus eigener Erfahrung vorstellen.

Sowohl das Wort „Chef" wie auch das Wort „Kapital" stammen ursprünglich von dem lateinischen Wort „caput" ab, das „(Ober-)Haupt" bedeutet. Das lässt fragen, ob, in Anlehnung an den obigen Satz des Preußenkönigs, der Chef der oberste Diener seiner Firma ist oder nur ihr oberster Verdiener? Mahatma Gandhi meinte: „Die Welt hat genug für jedermanns Bedürfnisse, aber nicht für jedermanns Gier." Schon Plato benannte die vier Kardinaltugenden: Weisheit, Gerechtigkeit, Tapferkeit und Mäßigung. Wo finden wir Vorbilder dafür?

Mobbing-Fall 25:

Das ist das Schrecknis in der Welt,
daß die Canaille Herr ist und Herr bleibt.
Wilhelm Raabe [95] (Canaille, französisch = Schurke, Schuft).

Eine 55-jährige Frau arbeitet seit 10 Jahren in einem Betrieb, der insgesamt 60 Beschäftigte, aber keinen Betriebsrat hat. Ihr Ex-Mann ist Betriebsleiter und Vertreter des Chefs. Er war vor 5 Jahren in die Firma gekommen, hatte ihr „schöne Augen gemacht", sie wurden ein Paar. Später gab es Sticheleien gegen sie, er wurde launisch und arrogant. Sie trennte sich von ihm. Seitdem grüßt er sie nicht mehr und versucht, ihr aus dem Weg zu gehen. Seit Monaten gibt es Schikanen gegen sie. „Er versucht täglich, mich persönlich zu verletzen." Letztens habe er zu ihr gesagt: Noch eine Störung – und ich mache dir die Hölle heiß!" Vor seiner Aggressivität habe sie Angst. Jetzt bekam sie eine Aufhebungsvereinbarung mit einer Abfindungssumme, die viel zu niedrig ist, als dass sie den Beendigungsvertrag unterschreiben könne.

Impulse:
Ein solcher Vorgesetzter, der zugleich Ex-Mann und Ex-Alkoholiker ist, hat offenbar nach dem Entzug keine oder nur eine unzureichende Verhaltenstherapie gemacht. Das kann etwa durch eine Mediation nicht ersetzt werden. Bloß, wer sagt ihm, dass sein Stolz, seine Eitelkeit offenbar stark verletzt sind, weil er von seiner Frau abgewiesen wurde? Denn grundsätzlich gilt: Keine Toleranz der Intoleranz!

Es gibt einen erstaunlichen Erfindungsreichtum bei den mobbenden Vorgesetzten und eine ganz besondere Art der Einschüchterung! Beispiele: Da sagte ein Chefarzt, der mit Mühe ein Kind gezeugt hatte, zu seinem Pflegedienstleiter, der acht eigene Kinder hat: „Wenn noch irgendein Vorfall hier passiert, den Sie zu verantworten haben, dann werde ich Sie eigenhändig kastrieren!" Und später: Ich gebe den Druck weiter, den ich von außen bekomme." Gemeint ist die Heimaufsichtsbehörde.

Eine Frau erzählte mir, dass sie Angst vor einem Gespräch mit ihrem Vorgesetzten hat, der sie seit einiger Zeit schikaniert. „Zum Glück habe ich die Schweinegrippe bekommen!" Was ist das für ein Land, indem Menschen lieber krank sind, als ein Gespräch mit ihrem Chef führen zu müssen??
Eine Vorgesetzte lud eine erneut erkrankte Mitarbeiterin zu einem Gespräch ein. In ihrer Mail schrieb sie: „...Frau J. bittet Sie, dass Sie mit ihr einen Termin vereinbahren, Frau J. wird dann noch Frau R. dazu bitten, um mit Ihnen eine für alle annehmbare Exit-Lösung zu finden."
Exit ist der Ausgang, „Exitus" der Tod. Es ging also darum, wie das Anstellungsverhältnis beendet werden kann. Dazu passt dann auch der Schreibfehler „vereinbahren". Mit einer Bahre wird ein Leichnam weggetragen. Eine, wie ich finde, sehr fragwürdige Formulierung!

Schon Dale Carnegie schrieb 1938 von „Menschen, die von ihrem eitlen Ich und von ihrer Wichtigkeit berauscht sind", und davon, dass die New Yorker Telefongesellschaft eine genaue Untersuchung darüber angestellt hatte, welches Wort in den Telefonaten am häufigsten vorkommt; es ist das Wort „ich", in 500 Gesprächen wurde es 3990-mal gesagt.[96]

Es gibt heute mittlerweile genügend Fachliteratur mit Titeln wie „Menschenschinder oder Manager", „Narzissten, Egomanen, Psychopathen in der Führungsetage", „Wir! Warum Ichlinge keine Zukunft mehr haben", „Machtwahn. Wie eine mittelmäßige Führungselite uns zugrunde richtet", „Schlitzohren und Halunken. Von Ackermann bis Zumwinkel - Ein Almanach der Missetaten.[97]. Aber die Betreffenden lesen solche Bücher offenbar nicht. *„Das ist das Unglück der Könige, dass sie die Wahrheit nicht hören wollen."* (Johann Jacoby, 1848).

Wenn sie schon nicht lesen, sollten sie eine gute Fortbildung machen und/oder ein Chef-Coaching in Anspruch nehmen, um sich den Spiegel vorhalten zu lassen und Hilfe in Anspruch zu nehmen. Und sie sollten dafür sorgen, dass es in ihrer Firma ein funktionierendes Beschwerdemanagement gibt. Falls sie derartiges nicht tun, erhöht sich für sie je nach ihren subjektiven Bewältigungsmöglichkeiten das Risiko für einen eigenen Burnout. Die Fachleute sprechen davon, dass ein solcher „Infarkt der Seele" den Herzinfarkt als Volkskrankheit ablöse, „zum Arbeitsunfall der Moderne" und zur „Leitkrankheit unseres Jahrhunderts" werde [98].

Mobbing-Fall 26:

Die Hauptsache ist, dass man lerne, sich selbst zu beherrschen.
Wollte ich mich ungehindert gehen lassen, so läge es wohl an mir,
mich selbst und meine Umgebung zugrunde zu richten.
J. W. v. Goethe [99]

Eine technische Angestellte in einem kleineren Betrieb bekommt von ihrem Abteilungsleiter gesagt: „Sie sind nicht gut genug für den Job." Bei nächster Gelegenheit: „Wenn jetzt noch eine kleinste Kleinigkeit vorkommt, dann sind Sie so schnell weg vom Fenster, so schnell können Sie gar nicht schauen. Entlassen wird man Sie aber wohl nicht gleich." Sie weiß, dass wegen diesem Abteilungsleiter schon mehrere Mitarbeiterinnen die Firma verlassen haben Sie bittet um ein Gespräch mit dem Geschäftsführer. Der sagt ihr, er sehe von arbeitsrechtlichen Schritten ab. Zuerst ist sie enttäuscht, weil sie denkt, der Abteilungsleiter werde vom Chef keine Abmahnung bekommen. Dann erschrickt sie, weil ihr aufgeht, dass sie selbst gemeint ist, die keine Abmahnung erhält.

Impulse:
Der frühere preußische Gutsherr war auch durch sein fürsorgliches Verhalten zu seinen Angestellten und Arbeitern geadelt [100]. Heute hat die Redewendung „nach Gutsherrenart" viel von ihrem Renommé eingebüßt und meint (leider) einen Leuteschinder nach dem schlechten Beispiel aus Matthäus 20,15: „Habe ich nicht die Macht, mit denen zu tun, die mir gehören, was ich will?" So auch in obigem Beispiel.

„Machthaben muss eine Säure produzieren, die die Empfindungsfähigkeit zerfrisst. Ohne zerstörte Empfindungsfähigkeit könnte einer mit Macht nichts anfangen." So schrieb Martin Walser zutreffend in seinem Roman „Finks Krieg" [101].
Vor einiger Zeit fragte der Generalinspekteur erstaunlich offen, „ob immer die richtigen Leute in der Bundeswehr Spieß und Chef sind und ob die Binnenkommunikation stimmt" [102]. Etliche Experten fordern deshalb einen routinemäßigen Wechsel bei Führungsverant-wortlichen.

Wer Auto fahren will, muss zuvor einen Führerschein gemacht haben. Wer eine Maschine bedienen soll, bekommt erstmal eine Sicherheitseinweisung. Wer sich einen Hund hält, sollte einen Hundeführerschein machen. Aber wegen ihrer Sachkompetenz Beförderte oder Neueingestellte werden auf nachgeordnete Mitarbeiter nur allzu oft einfach losgelassen. Wer die Verantwortung für Menschen übertragen, also eine Vorgesetztenfunktion bekommt, sollte in irgendeiner Weise gezwungen sein, ein Führungsseminar von mindestens einer Woche Dauer zu absolvieren! Ich fordere den „Führerschein für Vorgesetzte"! Wie führe ich ein zielorientiertes Mitarbeitergespräch? Welche Regeln gelten für ein Vorstellungsgespräch? Worauf ist bei der Durchführung eines Konfliktgespräches zu achten?
Einhellig fordern die Experten: Zur Selbstwahrnehmung von Führungskräften muss nicht nur Selbstbewusstsein, sondern auch Selbstkritik und das Bekenntnis von eigenen Fehlern gehören. Das kann man in Seminaren lernen!

Was sollte Inhalt von Selbstwahrnehmung und Selbstkritik sein? Zum Beispiel die Kaufmannsehre: Verantwortung, Nachhaltigkeit und Anstand sind die wichtigsten Begriffe, die mit der so genannten hanseatischen Kaufmannsehre verbunden sind, sowie Verlässlichkeit, Klarheit, Aufrichtigkeit, vor allem auch im gesprochenen Wort. *„Euer Ja sei ein Ja, euer Nein ein Nein; alles andere ist von Übel."* [103]
Die Hamburger Kaufmannsehre brachte übrigens Jahrhunderte lang neben der Verpflichtung des Besitzenden für das Gemeinwohl auch die Eigentümlichkeit mit sich, dass ein Vergehen nicht bestraft wurde, sondern durch die Gründung einer Stiftung unter Einbringung eines Teils des Vermögens gesühnt wurde. Im schlimmsten Falle konnte ein Vergehen den Verlust der Kaufmannsehre und den Ausschluss aus der

Kaufmannsgilde nach sich ziehen. Der Industrielle und Erfinder Robert Bosch kommentierte diese Haltung mit dem Satz „Lieber Geld verlieren als Vertrauen". Menschen können nur miteinander gedeihlich umgehen, wenn sie sich gegenseitig achten und demjenigen Wertschätzung entgegen bringen, dem Ehre zukommt.

Noch ein Wort zur Zuver-Lässigkeit: Ein Vater sagt zu seiner schulpflichtigen, etwa 16-jährigen Tochter, die nicht in den Nachmittagsunterricht will: „Abwesenheit ist eine Form von Lässigkeit." Will sagen, sie solle die Schule nicht zu ehrgeizig betreiben. Aber was ist das für ein Vater? Hat der noch nie gehört, dass viele Fachleute, so auch der Erzieherverband VBE, eindringlich dazu raten, ihren Kindern nicht das Schwänzen beizubringen; ein schlechtes Vorbild sei „ein schleichendes Gift für die Gesellschaft".[104] Würde dieser Vater solch einen Satz auch zu seinem eigenen Chef sagen? Und was würde ein Chef antworten? „Wir erwarten von unseren Mitarbeitern drei Eigenschaften bzw. Verhaltensweisen: Erstens Zuverlässigkeit, zweitens Zuverlässigkeit, drittens Zuverlässigkeit!" Nicht nur ein Mitarbeiter, sondern auch ein Chef ist dann „gut", wenn er in die Gemeinschaft passt, so die ursprüngliche germanische Bedeutung des Wortes „gut".

Jede Gruppe von Menschen braucht ein Mindestmaß an Verbindlichkeit, sonst kann sie nicht funktionieren und nicht ihre Ziele erreichen! Von elterlicher Erziehung und Autorität ganz zu schweigen...

Es gibt zwei menschliche Hauptsünden, aus welchen sich andere ableiten: Ungeduld und Lässigkeit. Wegen der Ungeduld sind sie aus dem Paradies vertrieben worden, wegen der Lässigkeit kehren sie nicht zurück.

So schrieb Franz Kafka, in seinen „Betrachtungen über Sünde, Leid, Hoffnung und den wahren Weg" [105]

In diesen Zusammenhang gehören auch die drei Phänomene „Absentismus", „Präsentismus" und „Freizeitkrankheit": Die einen bleiben zuhause, obwohl sie arbeitsfähig sind, machen also „blau", laut einer Umfrage [106] fünf Prozent, das sind ca. 1,7 Millionen Angestellte. Die anderen schleppen sich zur Arbeit oder schieben Überstunden, um einen guten Eindruck beim Chef zu machen, obwohl sie ihre Krankheit lieber daheim auskurieren sollten. Für den Tod durch Überarbeitung gibt es im Japanischen sogar ein eigenes Wort: „Karoshi". Die Dritten werden im Urlaub krank: Psychologen meinen mit dem „Phänomen des offenen Fensters" die Zeit, in der die organische Abwehr nachlässt und Menschen anfälliger für Infekte sind, also meist das Wochenende oder der Urlaub. Sie leiden am Leisure-Sickness-Syndrom, an der Freizeitkrankheit. Sie wissen nicht, woher die Krankheit plötzlich kommt, sehen sie als Zufall an und bringen die Symptome nicht mit Stress in Verbindung. Dieses Syndrom trifft typischerweise Personen, die sehr engagiert arbeiten und in der Freizeit schlecht abschalten können. Während einer stressigen Arbeitswoche ist das Immunsystem dauerhaft im Alarmzustand. In ruhigen Phasen scheint die Gefahr vorbei zu sein, das Immunsystem nutzt die Gelegenheit, um sich zu erholen, man wird krank.[107]

„Schuften aus Angst um den Job: 'Präsentismus' nimmt zu" titelte der Deutsche Gewerkschaftsbund in einer Pressemitteilung [108]. Acht von zehn gehen auch krank zur Arbeit, hatte der DGB ermittelt. Vollzeit-Beschäftigte in Deutschland machen im Schnitt fünf Überstunden pro Woche, Teilzeiter drei. Jeder fünfte Arbeitnehmer sagt, dass seine Überstunden ganz oder zum Teil unbezahlt verfallen. Solches dauerhafte Hinnehmen durch die Arbeitgeber ist klar rechtswidrig.
Erstere (die Fehlenden) sind bei den (Personal-)Chefs nicht beliebt und werden meist zu Recht mit Vorhaltungen, Abmahnungen oder im Wiederholungsfall mit einer Kündigung „bedroht". Aber auch hier macht natürlich der Ton die Musik. Bei den „präsenten", aber eigentlich kranken Angestellten versagt nicht selten der Chef mit seiner Fürsorgepflicht. Langfristige Auswirkungen: Die Loyalität zum Arbeitgeber nimmt in dem Maß ab, wie Angestellte es erleben, dass sie demotiviert oder gar schikaniert werden, Burnout-Syndrome nehmen zu.

Weibliche Chefs: Der Soziologe Carsten Wippermann vom Heidelberger Unternehmen Sinus Sociovision beschreibt u.a. zwei Typen von Managern, die weiblichen Vorgesetzten skeptisch gegenüber stehen: Typ eins ist konservativ und lehnt Frauen allein wegen ihres Geschlechts als „Störfaktor in der Führungsriege" ab. Typ zwei gibt sich vordergründig aufgeschlossen, sagt aber: „Vorstand ist einfach eine besondere Sportart, man muss schnell Gewinne machen und mal gut, mal böse sein." [109]
Ich meine, „böse" darf man/frau niemals sein!! Und auch im Sport muss man fair sein. Verantwortung ohne Fairness, ohne Liebe macht rücksichtslos, sagt das Sprichwort. Härte und Liebe gehören zusammen: Härte, die Grenzen zieht, und Liebe, die Grenzen überspringt.

Mobbing-Fall 27:

Lieber mit dem Kopf durch die Wand als gar kein Fenster.
Sprichwort.

Ein Vorgesetzter in einem kleineren Betrieb führt (mal wieder) ein Kritikgespräch mit einer Mitarbeiterin, die dessen Vorbringen erneut für unberechtigt hält. Die Unterredung dauert ohne Unterbrechung sehr lange. Schließlich nach vier (!) Stunden fragt sie, ob sie mal das Fenster öffnen könne. Er brüllt sie an: „Bist du hier der Chef?"

Impulse:
Das oben genannte Sprichwort ist zweifelhaft, scheint hier aber eher auf den Vorgesetzten als auf die Mitarbeiterin zuzutreffen. Diese ist asiatischer Herkunft und von ihrer Mentalität her eher unterwürfig. Bei fortgesetzten Torturen wird ihr nichts anders übrig bleiben, als sich weg zu bewerben. Denn eine Versetzung ist nicht möglich.
Nach den wissenschaftlichen Untersuchungen, etwa des Psychologen Dieter Zapf, sind Versetzung und Eigenkündigung oft die einzige Möglichkeit, aus der Mobbing-Situation herauszukommen. Ignorieren, interne Gespräche, sich wehren oder krankschreiben lassen führen eher zu einer Verschlechterung.

Natürlich gibt es auch den Chef, der den oft zu hohen Erwartungen seiner Mitarbeiter nicht entsprechen kann [110]. Aber die berechtigten Erwartungen von Mitarbeitern sind: Der Vorgesetzte darf nicht überfordern, nicht unterfordern und schon gar nicht abqualifizieren oder kaltstellen.
Das sind aber leider für Vorgesetzte typische Verhaltensweisen. Manche Chefs halten etwa ein „Mushroom-Management" für ausreichend: Die „Kulturpilze" nur kurz begießen, dann im Dunkeln abstellen. Das ist eine Überforderung und gerade das Gegenteil von planvoller Einarbeitung und nachhaltiger Praxisbegleitung! Oder sie verfahren nach dem „Spargelprinzip": Wer den Kopf zu weit rausstreckt, wird abgehackt. Andere Chefs geben den Druck, den sie selbst etwa „von oben" oder aus finanziellen Gründen verspüren, mehr oder weniger ungefiltert an ihre Mitarbeiter weiter; manche geben das sogar auch unverblümt zu, siehe oben Fall 25.

Und was Chefs gar nicht können, ist Fehler einzugestehen [111]. Das wird durch Selbstherrlichkeit, übertriebene Härte und Trotz, der besserer Einsicht im Weg steht, kompensiert. Man sieht das auch an den zahlreichen Chef-Karikaturen und hört es in entsprechenden Witzen: Dialog zwischen einem Mitarbeiter und dem Firmenchef: „Chef, warum sind Sie eigentlich so brutal zu Ihren Angestellten?" – „Ich möchte, dass bei meiner Beerdigung alle gut drauf sind!" [112]
Bei solch einer narzisstischen Persönlichkeit, die ihre Auftritte mit übersteigertem Selbstwertgefühl pfauenhaft-majestätisch und selbstverliebt inszeniert, rechthaberisch daherkommt und oft genug einen Sündenbock für eigene Fehler sucht, gibt es in der Mitarbeiterschaft oft ein Kommen und Gehen, eine hohe Fluktuation, weil Fürsorge nicht im Blick eines solchen Vorgesetzten ist.

Martin Walser formulierte [113]: *Macht ist nichts als Wirklichkeit gewordene Vernunft. Sie kann sich nur selber widerlegen, dadurch vervollkommnen. Kritisierte Macht verteidigt etwas, was, ohne Kritik, aus sich selbst überwinden würde. Je mehr wir der Macht zustimmen, desto leichter fällt ihr die Selbstüberwindung... Lobe deine Feinde, bis sie deine Freunde sind!*
Ich meine, das ist nicht zutreffend. „Aus sich selbst heraus überwinden"? Nein. Ich halte das für einen Trick im Roman, dass sich der Betroffene durch eine „psychologische" Argumentation eher mit seiner Ohnmacht abfinden kann. „Die Feinde loben, bis sie Freunde sind"? Das hat in der Geschichte so gut wie nie funktioniert!

Insbesondere bei Überfliegern sieht man manchmal hysterische Persönlichkeitsanteile: Ein solcher Chef liebt keine Details, sondern Visionen. Er produziert ständig neue Ideen und viel heiße Luft. Auch wegen seiner Unbeständigkeit gibt es häufig Konflikte mit Mitarbeitern.
Die zwanghafte Persönlichkeit ist einerseits sehr ordentlich, sehr pünktlich, sehr diszipliniert. Man hat aber andererseits und im günstigen Fall einen sterilen, peniblen Eindruck von ihr, im ungünstigen Fall herrscht sie mit einer kleinlichen Kontrollsucht und mit Schikanen.
Eine depressive Persönlichkeit verbreitet eine gedrückte Atmosphäre; Gespräche verlaufen schleppend. Sie ist das Gegenteil eines fröhlichen, lebensbejahenden Menschen. Besonders in einer frühen Phase einer Depression können Männer auch gereizt, impulsiv bis aggressiv auftreten. Depressive haben auch meist keine Führungseigenschaften,

was leicht zu Machtkämpfen innerhalb der Hierarchiestufen führt.
Schließlich die schizoide Persönlichkeit: Sie ist höflich, aber deutlich unterkühlt. Man hat das Gefühl, ein ungebetener Gast zu sein. Sie geht Probleme rein sachlich an. Menschliche Schicksale sind für sie uninteressant und lösen keinen Fürsorge-Impuls bei ihr aus. Mit solch einem Menschen kommt man am ehesten klar, wenn man sich kurz und präzise fasst und freundlich bleibt, aber nicht um jeden Preis.
Bei den natürlich am häufigsten vorkommenden Mischformen von Chef-Typen heißt es, sich immer wieder anpassen, aber auch abgrenzen, um nicht in eine Mobbing-Falle zu geraten.
Hilfreich ist immer der Ratschlag von Goethe [114]: *Setzten wir uns an die Stelle anderer Personen, so würden Eifersucht und Hass wegfallen, die wir so oft gegen sie empfinden; und setzten wir andere an unsere Stelle, so würden Stolz und Einbildung gar sehr abnehmen.* Eine solche Erkenntnis zu vermitteln und dann auch bei der Umsetzung zu helfen, wäre Aufgabe eines Chef-Coaches.

12. Betriebsklimaanlage warten lassen - neue Werte für Unternehmen

Bruder Liederlich
Die Feder am Sturmhut in Spiel und Gefahren, Halli.
Nie lernt´ ich im Leben fasten noch sparen, Hallo.
Der Dirne lass ich die Wege nicht frei;
wo Männer sich raufen, da bin ich dabei,
und wo sie saufen, da sauf´ ich für drei. Halli und Hallo.
Detlev von Liliencron (1844-1909). Dieser Bruder Liederlich brüstete sich noch mit seinem Verhalten. Auch heutzutage müssen wir von Prozessen hören gegen Manager und Betriebsräte, die auf Firmenkosten in Bordelle gingen...

Sind im Zuge des Generationenwechsels „Neue Werte in den Führungsetagen" eingezogen? Dieser Frage ging eine Tagung der Evangelischen Akademie in Bad Herrenalb im Zusammenhang mit einer Studie zur Wertorientierung von deutschen Topmanagern nach. Die Studie wurde in dem Projekt „Ökonomische Eliten im gesellschaftlichen Wandel" der Deutschen Forschungsgemeinschaft (DFG) gemeinsam von den Instituten für Soziologie an den Universitäten Heidelberg und Erlangen von 2006 bis 2009 erarbeitet.
Vorstandsmitglieder der 100 größten deutschen Unternehmen wurden in qualitativen Interviews und in schriftlichen Befragungen zu ihrem Selbstverständnis befragt, zugleich wurden die Daten des Familien-Kontextes, des Bildungsganges und der Karriereverläufe erhoben. Dadurch konnten äußere Daten und eigenes Selbstverständnis in Verbindung gebracht werden.
Was immer auch bei dieser Tagung herausgekommen ist, die Manager wissen jedenfalls, dass sie spätestens seit der globalen Finanzkrise unter dem Beschuss der öffentlichen und der veröffentlichten Meinung stehen. Das Selbstbild ist naturgemäß nicht so aussagekräftig wie das Fremdbild. Und das hat sich gravierend verschlechtert: 79 Prozent der Befragten stimmen der Aussage zu, dass sich das Ansehen der Manager verschlechtert hat. So das Ergebnis einer Umfrage im Rahmen dieses Projektes der DFG, das alarmieren müsste.
Außerdem gebe es eine zunehmende Distanz zwischen Topmanagement und dem mittleren Management der Fach- und Führungskräfte,

führte der Soziologie-Professor Hermann Kotthoff, Darmstadt, auf der Tagung aus. - Das ist keine neue Erkenntnis! Schon 1976 konnte man bei Horst-Eberhard Richter lesen [115]: *Es bleibt eine Bedingung für eine Humanisierung der Arbeit, dass sich die Gruppen auf den verschiedenen Stufen der Hierarchien nicht gegenseitig bzw. selbst voneinander isolieren.* Das ist schärfer formuliert, weil eine Isolierung schwerer aufzubrechen als eine Distanz zu überwinden ist.

Zusätzlich fallen laut Kotthoff die Bewertungen des Betriebsklimas immer schlechter aus, je weiter man nach unten in der Firmenhierarchie kommt und fragt. [116] Auch das weiß man längst aus diversen Untersuchungen: So bejahten 55 Prozent der Befragten einer Umfrage von TNS Emnid ganz allgemein, dass es in erster Linie vom Betriebsklima abhänge, wie wohl sie sich in ihrem Job fühlen [117]. Nicht wohl fühlt sich etwa ein Mann, der nach einem gewonnenen Arbeits-gerichtsprozess von seiner Firma weiterbeschäftigt werden muss, aber seitdem keine Einladung mehr zum Betriebsausflug und zur Firmen-Tombola bekommt.

Konkret weiß man folgendes von Krankenhausärzten: Chefärzte bewerten das Arbeitsklima fast ausschließlich positiv („Mobbing gibt es bei uns nicht."), Oberärzte eher gut bis mittelmäßig und Assistenzärzte nur allzu oft negativ. Eine Folge: Spannungen im OP gefährden Patienten [118]. Und eine besonders schreckliche Folge: Jedes Jahr nehmen sich nach Expertenschätzung, so ein Spiegel-Bericht aus 2008, über 100 Ärztinnen und Ärzte das Leben, die meisten davon aus beruflichen Gründen, Ärztinnen fünfmal so häufig wie Angehörige anderer Berufsgruppen, Ärzte dreimal so häufig.

Als Ursachen für ein schlechtes Betriebsklima werden am häufigsten genannt: Neid, Intrigen, Anschwärzen beim Chef, Angst um den Arbeitsplatz. Insbesondere Gerüchte und ständige Nörgelei, egal ob von unten oder von oben, zerstören das Betriebsklima. Es ist eine Binsenweisheit, dass das Betriebsklima das Schicksal jeder Organisation bestimmt, dass ein gutes Betriebsklima die Mutter des Unternehmenserfolges ist. Statt „Zeit für Kunden" zu investieren fördern viele Unternehmen, etwa Banken und Versicherungen, direkt oder indirekt den Individualismus in der Mitarbeiterschaft und verplempern dadurch „Zeit für Konflikte".

All diese Befunde müssten einer neuerlichen Werteorientierung alle Türen in den Führungsetagen öffnen, hoffte Prof. Dr. Gert Schmidt, einer der beiden Projektleiter der DFG, auf der Akademietagung.

Aber viel zu wenig Türen sind dafür schon offen: *„Was geschieht denn in den westlichen Gesellschaften, wenn man meint, für Ethik sind die Leute in den Regierungen zuständig, für die Moral die Polizei und fürs Klima im Betrieb der Hausmeister?"* [119]

Die Wissenschaft hat längst bewiesen, dass sich moralisches Verhalten verbessert oder verkümmert je nach der Art der Stimulierung, die im Unternehmen vorherrscht. Ein Chef kann einsame Entschlüsse fassen oder häufig Möglichkeiten zur Mitwirkung und Mitbestimmung anbieten. Wiederholte Kooperation führt zu einer ständigen Übung und deren Anerkennung. Diese Übung erzeugt wiederum eine Identifizierung mit den Regeln und mit den Resultaten der Zusammenarbeit und breitet sich so im Betrieb weiter aus.

Im umgekehrten Fall setzt sich autoritäres Verhalten auch auf den unteren Unternehmensebenen eher durch. Ein Orientierungspunkt ist beispielsweise die Fluktuation: Wenn die Mitarbeiter häufig wechseln, also eine hohe Fluktuation zu verzeichnen ist, dann ist mit dem Betriebsklima etwas faul. Auch dies ist eine Binsenweisheit. Die Ursachen einer hohen Fluktuation müssen analysiert und transparent gemacht werden, damit Gegenmaßnahmen getroffen werden können.
Bevor es zu einer Firmenpleite, zu einem Bankrott kommt, hat es zuvor schon mehr oder weniger lange einen „Moralbankrott" gegeben, weil leitende Mitarbeiter ethische Maßstäbe vernachlässigt haben. In einem Unternehmen müssen deshalb nicht nur die Zahlen zählen, sondern auch die Leit-Werte: Wertschöpfung durch Wertschätzung!
Nur, wie lernt man (neu) Wertschätzung? Für hilfreich halte ich die Feststellung von Albert Schweitzer: *Viel Kälte ist unter den Menschen, weil wir nicht wagen, uns so herzlich zu geben, wie wir sind.* Noch präziser formulierte Max Frisch diese Wechselwirkung: *In gewissem Grad sind wir wirklich das Wesen, das die anderen in uns hineinsehen, Freund wie Feinde. Und umgekehrt: Auch wir sind die Verfasser der anderen; wir sind auf eine heimliche und unentrinnbare Weise verantwortlich, für das Gesicht, das sie uns zeigen.*

Nach Luther ist jeder Gläubige in sein „Amt" berufen und soll seine Pflicht in seinem Beruf erfüllen. „Jeder prüfe sich allabendlich, ob er seine Arbeit fürsorglich und verantwortbar ausgeführt hat." Aller Segen in der Arbeit und durch sie kommt zwar „von oben", aber jeder Mitarbeiter ist für das Betriebsklima mitverantwortlich. Und Verantwortung hat sehr viel mit Respekt zu tun.

13. Respekt

Sich im Respekt zu erhalten,
muss man recht borstig sein.
Alles jagt man mit Falken,
nur nicht das wilde Schwein.
J. W. v. Goethe [120]

„Respekt ist eine teure Währung." So heißt es und das will sagen: Die Achtung des Anderen ist wertvoll. Anscheinend neigen Menschen eher dazu, es dem Anderen mit gleicher Münze heimzuzahlen, um im Bild zu bleiben.

Ich finde es bemerkenswert, dass es in Deutschland seit ein paar Jahren eine Organisation gibt, die sich eine Renaissance des Respekts zum Ziel gesetzt hat! Im Internet findet man sie unter www.respect-researchgroup.org . Research heißt ja Forschung. Wörtlich übersetzt bedeutet das Wort: wieder suchen. Wir haben also etwas verloren, was wieder gefunden werden muss! Das Wort Respekt stammt ab von dem lateinischen spicere = sehen. Daher das Wort Spickzettel und das Wort Spiegel. Zuerst sollte man sich selbst mal anschauen und dann erst urteilen. Re-spekt – also sich umschauen, Rück-Sicht nehmen auf die Bedürfnisse und die Verletzbarkeit des Anderen. Und das meint nicht das, was früher häufig unter Respekt verstanden wurde, nämlich ritualisierte Höflichkeit und Obrigkeitsgläubigkeit. Man hatte sich den „Respektspersonen" zu unterwerfen, den Würdenträgern, Amtspersonen, Lehrern, Vorgesetzten. Respekt wurde verstanden als Gehorsam und Unterwürfigkeit und mit starren Benimmregeln gleichgesetzt. Jahrhunderte lang blieb das alles weitgehend unhinterfragt.

Infolge der 68er-Generation kam neu ins Bewusstsein: „Unter den Talaren – Muff von 1000 Jahren". So vorwurfsvoll lautete der Text eines Transparents , das 1967 von Hamburger Studenten in der Öffentlichkeit enthüllt wurde. Insbesondere die Träger der Roben, Talare des „1000-jährigen Reiches", die teilweise noch amtierten, waren ihnen suspekt geworden. Dass später die Aufarbeitung des Dritten Reiches verweigert wurde, brachte sie auf die Straße. Man forderte Demokratie, Mitbestimmung und die Gleichheit aller Menschen. Heute, über 40 Jahre danach, wird ein neuer Respekt eingefordert[121].

Hartwig Hansen hat „10 Regeln für einen respektvollen Umgang miteinander" formuliert [122]:

1. *Deine Welt ist anders als meine.*
2. *Jeder Mensch will gehört werden.*
3. *Zuwenden statt abwenden.*
4. *Zuverlässigkeit schafft Vertrauen.*
5. *Gefühle sind immer wahr.*
6. *Anerkennung, Würdigung und Wertschätzung stärken die Beziehung.*
7. *Nichts ist selbstverständlich.*
8. *Um Entschuldigung bitten und verzeihen sind keine Zeichen von Schwäche.*
9. *Ehrlichkeit, die nicht verletzt, schafft Achtung.*
10. *Was du nicht willst, das man dir tu, das füg auch keinem andern zu!*

Zu 8.: Nach meiner Meinung gibt es drei Worte, die im heutigen Spracgebrauch zu wenig vorkommen: Danke, Bitte und Entschuldigung.
Danke: Psychologen haben herausgefunden, dass echte Dankbarkeit eine schützende und stabilisierende Funktion hat. Wer mit wertschätzendem Blick durchs Leben geht, ist zufriedener als Menschen, die sich nur enttäuscht oder neidisch auf das konzentrieren, was andere besitzen und sie selbst nicht haben. Und Dankbarkeit lässt sich lernen; und man lernt, indem man übt, sich einübt.
Bitte: Manchen Menschen fällt das Bitten schwer. Ein Satz wie „Wechselst du bitte gleich die Druckerpatrone?" kommt manchen schwer über die Lippen. Stattdessen wird gesagt: „Jemand müsste mal die Druckerpatrone wechseln." „Jemand", „Man" und „Einer" sind zwar drei Hausgenossen bzw. Kollegen, aber sie sind faule Säcke...
Gerade die Entschuldigung kommt leider viel zu selten! Beispiel: Falsche oder schief gegangene Operation im Krankenhaus. Auch wenn der Patient sich das noch sehr wünscht, der Arzt darf sich nicht beim Patienten entschuldigen, weil das von seiner Haftpflichtversicherung als Schuldanerkenntnis gewertet würde und die Versicherung von ihrer Zahlungspflicht befreit.
Eine ältere Mobbing-Betroffene schrieb mir: „Ehrenämter wahrzunehmen, ist verboten. Auch private Hilfsbereitschaft wird vom Chef verboten. Selbst Höflichkeit in der Firma ist verboten! Eine Kollegin, die meine Enkeltochter hätte sein können, verbot mir, aus Angst vor dem Chef, 'danke' und 'bitte' zu sagen. Ich entgegnete ihr, dass ich mir

dies nicht verbieten lasse. – Diese Kollegin sorgte – mit Erfolg – dafür, dass ich nach 32 Jahren entlassen wurde…"
Heute gilt es an vielen Stellen, „cool" zu sein. Und das heißt z.B., sich durch Schlagfähigkeit zu behaupten und durchzusetzen. Auch hier verrät uns die Sprache: Schlag-Fertigkeit. Ein Unternehmen führt die „Schlag-Worte" „Strategie und Kommunikation" im Titel. Strategie ist aber die Kriegskunst, die Planung der Kampfhandlungen, um den Feind zu töten. Beim Schachspiel geht es auch darum, den Gegner mit geschickten Zügen matt zu setzen. Dieses Unternehmen wirbt auf ihrer Internetseite mit dem Satz: „Unsere Kunden freuen sich über eine Agentur, die nicht wild mit der medialen Schrotflinte ballert, sondern ganz gezielt kommunikative Blattschüsse setzt." Das hat etwas mit Gewalt zu tun! Nein, das ist gewalttätig. Und es ist ein schlechtes Vorbild. Hat diese Firmenleitung noch nie etwas von Gewaltfreier Kommunikation (M. Rosenberg) gehört?
Da wundert es nicht, wenn auch Otto Normalverbraucher versucht, den anderen nicht zu Wort kommen lassen, Ihn nicht ausreden zu lassen, ihn zu unterbrechen. Eine gewisse schnodderige Sprache begünstigt so etwas auch noch. Beispiel: Ein befreundeter Lehrer sagte mir, das sei in seinem Kollegium so üblich. Nach dem Motto: Was nicht tötet, macht hart. Wollen wir immer so hart sein? Warum lassen wir uns zum Spott über andere hinreißen? Humor, so sagte es einmal der Feuilletonist Karl Julius Weber, ist nur dann Humor (und kein Spott), wenn er seine Kraft nicht gegen Wehrlose gebraucht. Weiß ich, ob ich gerade einen Menschen vor mir habe, der sich nicht (so leicht) wehrt? Modern ausgedrückt: *Wie können wir unsere Institutionen und Organisationen so gestalten, dass sie den Eigennutz des Menschen sozialverträglich begrenzen, in produktive Kanäle lenken helfen?* So Dr. Ernst Noll, Professor für Volkswirtschaftslehre an der Hochschule Pforzheim.
Leider reicht es nicht aus, sich in einem Managementseminar Respekt und angemessenes Sozialverhalten anzutrainieren. Das erfordert einen oft langwierigen und schwierigen Prozess des Entzuges (wie beim Alkohol) und der Selbsteinsicht.
Deshalb ist es zwar richtig, wohl aber weitgehend wirkungslos, wenn etwa der Papst in seiner Neujahrsansprache 2010 aufrief [122]: *Frieden beginnt mit einem respektvollen Blick auf den anderen, der in diesem den Mitmenschen erkennt.* Oder wenn der Bundespräsident in seiner Weihnachtsansprache 2010 zu mehr Respekt aufforderte.

Ein altes Beispiel [123]: Im Mittelalter war es Brauch, dass sich der Lateinlehrer zu Beginn seines Unterrichts vor seinen Schülern verbeugte, weil vor ihm zukünftige Bürgermeister, Professoren, Ärzte und Gelehrte saßen.

Auf eine heutige Umfrage antworteten Schüler [125]: „Ich wünsche mir für die Zukunft weniger Egoismus in der freien Wirtschaft und stattdessen mehr Menschlichkeit." „Wir wünschen uns mehr Vorbilder, die Werte wie Respekt, Toleranz, Zielstrebigkeit und Vertrauen übermitteln." In ihrer Umgebung finden Jugendliche nicht immer Gleichaltrige mit Höflichkeit („Das Grüßen ist nicht mehr selbstverständlich."), Pünktlichkeit („Ist doch nicht so wichtig.") und ordentlichem Auftreten und Erscheinungsbild („Ist meine Sache."). [126] Es gibt immer mehr Kinder und Jugendliche, die weder Mitgefühl noch Unrechtsbewusstsein haben und folglich auch keine Schuldgefühle und schon gar keine Reue kennen [127]. Was wird aus ihnen im Beruf?

Es ist wichtig, wenn sich Schüler, kompetent angeleitet etwa von Schulsozialarbeitern, schon früh mit Streitschlichtung befassen, sich zu Konfliktlotsen ausbilden lassen. Verantwortung und moralisches Verhalten lernt man den Entwicklungspsychologen zufolge – wenn überhaupt – beim Übergang in das Erwachsenenalter. Ich selbst halte Mobbing-Vorträge bei Auszubildenden und weise dabei u. a. auf folgendes hin:

Viele Menschen kennen zwar die Goldene Regel, es gibt sie in allen Weltreligionen und Philosophien, wenden sie aber nicht an: „Alles, was ihr wollt, das euch die Menschen tun, das tut auch ihr ihnen ebenso!" [128] Ein früher Religionslehrer der Aleviten formulierte kurz und treffend: *Hüte deine Zunge, hüte deine Hände, hüte deine Lende!* Bei dem Wort „Lende" lachen dann die meisten jungen Männer, weil sie genau wissen, was gemeint ist. Ich konkretisiere: Des Anderen Freiheit respektieren, den Anderen oder die Andere auf gleicher Augenhöhe wahrnehmen, nicht seine oder ihre Gedanken lesen wollen und ihn/sie allein schon deshalb achten, weil er/sie ein Mensch ist. Und für beide Seiten: Lernen, aufrecht, verlässlich und verbindlich fragen und antworten. Damit wäre schon viel geholfen!

14. Vertrauen gewinnen

Vertrauen lässt sich nicht gerichtlich einklagen, Arbeitsmotivation nicht (tarif-)vertraglich sichern und liebevolle Zuwendung nicht durch (Ehe-)Vertrag gewährleisten. Frank Blankenburg

Eine Kollegin der Mobbing-Hotline, die als Beraterin gerade frisch begonnen und überhaupt erst zwei Telefonate mit Betroffenen gehabt hatte, wird von einer Frau angerufen, die anfängt, ihr Leiden im Betrieb zu schildern. Sie bemüht sich, einfühlend auf diese Frau einzugehen. Nach kurzer Zeit verändert sich deren Stimmung, dann ruft sie ins Telefon hinein: „Ach, hören Sie doch auf mit Ihrer Empathie-Scheiße!" Und legt auf. Die Beraterin ist perplex und fragt in der späteren Supervisionsrunde, ob sie vielleicht etwas falsch gemacht habe.
Vertrauen muss einem geschenkt werden [129], was immer auch ein Wagnis ist. Schenken bedeutet, etwas geben ohne eine Gegenleistung. Eine Knauserigkeit, wie sie oben bezüglich des Lobens beschrieben wurde (siehe Impulse zum Mobbing-Fall 1), ist auch beim Vertrauen-Schenken generell zu beobachten.

Vertrauen bei den Mobbing-Betroffenen zu gewinnen ist deshalb so wichtig, weil die anrufenden oder anfragenden Menschen in Ihrer Arbeit oder gegenüber ihren Streitparteien Vertrauen verloren haben. Der Schauspieler Armin Mueller-Stahl konstatierte: *Misstrauen ist die Krankheit unserer Zeit. Die Menschen belauern, überwachen einander, sie verstummen. Die Liebe hat kaum eine Chance.* Albert Schweitzer formulierte einmal: *Vertrauen ist d a s große Betriebskapital.* Und wie viele Betriebe haben nicht nur Geld, sondern Vertrauen verschleudert!

Natürlich muss man einen anfänglichen Wortschwall zunächst zulassen, dann aber doch versuchen, das Gespräch nach und nach auf ein Beratungsziel, mit dem der/die Fragende einverstanden ist, hinzusteuern. Das ist nicht immer einfach, etwa weil der/die Betroffene immer noch mehr Details erzählen will, vielleicht auch zu weinen anfängt. Dann heißt es, auf das Weinen eingehen.

Weinen kann ein Ausdruck von Schmerz sein und/oder eine Bitte um Beistand. Das sollten Berater/innen berücksichtigen und die Tränen, das

Schniefen und die Seufzer eher als Chance sehen. Trauer und Schmerz können sich verwandeln, wenn sie nicht erstarren, sondern ins Fließen kommen. Die Engländer haben dafür einen schönen Ausdruck: „Having a good cry". Ein gutes Weinen haben. Wenn alles herausgeweint ist, dann entsteht neben der Trauer auch wieder Raum für Anderes, Neues [130].

Und wenn es dann am Ende des Gespräches gelingt, durch irgendeine Anekdote oder einen passenden Scherzsatz gemeinsam zu lachen, ist schon ein wesentlicher Schritt aus dem Tunnel in eine hellere Zukunft getan!
Zwischendurch sollte man sich selbst immer wieder kontrollieren, die eigene Stimme bewusst weich und zurückhaltend machen sowie auf aufsteigende Antipathie achten.
Wie verhält man sich als Berater, wenn man merkt, die anfragende Person ist psychisch krank und spricht vielleicht sogar selbst davon, sie sei psychotisch, manisch-depressiv oder schizophren? Dann gibt es meistens nur noch die Möglichkeit, an einen Arzt, Psychologen oder an eine Klinik oder Beratungsstelle zu verweisen.
Anders dagegen bei depressiven Menschen: In einem Telefonat erzählte eine Arzthelferin von ihrer beruflich verursachten Depression. Ich sagte ihr, dass es einen Satz eines Fachmannes gibt, der lautet: *Depression ist die Sehnsucht nach Zukunft.* Dann musste sie aus einem bestimmten, hier nicht relevanten Grund das Telefonat unterbrechen. Wir hatten aber eine Fortsetzung vereinbart. Nach einer Stunde rief sie wieder an und sagte als erstes: „Dieses Wort hat mich angerührt." Danach und aufgrund dessen gab es ein sehr gutes und zielführendes Gespräch.
Von einer erwachsenen Tochter war ich gebeten worden, eine Paar- bzw. Familien-Mediation mit ihren Eltern zu beginnen. Ich rief die Mutter an, die offenbar den größeren Leidensdruck hatte. Ich fragte sie, was sie am nächsten Tag tun werde, wenn ihr Mann aus dem Krankenhaus zurückkommt. Eine ganz allgemeine Frage nach ihrem möglichen Verhalten ihrem Mann gegenüber. Sie, ganz Hausfrau, antwortete: „Ich werde ihm etwas Schönes kochen. Aber Sie werden das nicht kennen. Ich werde Erdkohlrabi kochen." Ich: „Sie werden es nicht glauben. Dieses Gemüse habe ich letzte Woche selbst gekocht. Wir nennen es Steckrüben oder auch Wruken." Dann haben wir uns über die unterschiedlichen Rezepte dafür ausgetauscht – und eine in-

nere Verbindung war hergestellt! Und wir haben einen ersten Termin vereinbart.

Schließlich zu der Frage der Berater-Kollegin: In der Supervisionsrunde gab es ein Einvernehmen darüber, dass sie selbst nichts falsch gemacht hat, dass aber die Anruferin offenbar noch nicht wirklich bereit war, über den Kern des Problems oder über Lösungsmöglich-keiten zu sprechen. Und das muss man tolerieren – so schwer es auch sein mag.

15. Seelsorge

*Das Gute lobt mancher und tut's nicht,
das Böse tut mancher und sagt 's nicht.*
Inschrift an einem Beichtstuhl in der Kirche in Mariazell

Nicht so extrem
„Nicht so extrem", antwortete eine junge Sekretärin auf meine Frage gegen Ende des Telefonats, ob sie religiös sei. „Ich bin katholisch." Und nach einer Pause: „Ich bete jeden Abend." Sie leide seit dem Beginn ihrer Arbeit in einer Firma vor acht Monaten unter dem abwechselnden Jammern und der Aggressivität ihrer Chefin. Sie traue mittlerweile keinem mehr im Büro. Zuweilen seien ihr Zittern, ihre Zwangssymptome und Panikattacken extrem. Die ärztlichen und therapeutischen Behandlungen seien nicht effektiv genug. „Ich kann nicht mehr!"
Wir hatten verschiedene Möglichkeiten für Stressabbau und Abhilfen durchgesprochen: Mobbing-Tagebuch führen, viel Bewegung, Einschaltung des Personalrates, Beratung bei einem Fachkundigen vor Ort, Teilnahme an einer Selbsthilfegruppe, bis dahin, dass sie sich nach einer neuen Stelle umsehen will.

In dem Dokumentationsformular für uns Berater steht am Ende auch die Frage, ob die anrufende Person, die sich als Mobbing-Opfer fühlt, auch ein Gespräch mit einem Seelsorger gesucht habe. Aus einem inneren Impuls heraus stellte ich also die Frage, ob sie religiös sei. Und sie antwortete: „Nicht so extrem." Das heißt doch, dass etwa regelmäßiger Gottesdienstbesuch nicht im gesellschaftlichen „Mainstream" liegt, eine extreme, also äußerste Randposition darstellt. Immerhin formulierte das ein Mann so: „Mein Kirchgang findet sozusagen in mir drin statt." Also: Kirche – nein; Glauben und Beten – ja - manchmal. Was haben da die Kirchen, christliche Gemeinschaften und die Eltern versäumt!?

Zu der jungen Frau sagte ich: „Wenn Sie beten, dann wäre es gut, wenn Sie sich einen zweiten Menschen suchen, mit dem Sie zusammen beten können." Denn: „Wo zwei oder drei in meinem Namen versammelt sind, da bin ich mitten unter ihnen." (Matthäus 18,20)
In einer Karikatur von Tiki Küstenmacher sieht man, wie der große Firmenboss in seinem großen Besprechungszimmer die beiden zur

Tür Hereinkommenden erwartet. Sein Geschäftsführer flüstert ihm noch zu: „Das wird schwer, Boss, ihn fertig zu machen. Er hat seinen Seelsorger dabei!" Der Boss hat große, zornige Augen.

Eine Krankenhausseelsorgerin schrieb einmal [131]: „Ins Patientenzimmer kommen wir immer zu viert: der Vater, der Sohn, der Heilige Geist und ich." Und ich denke manchmal: Bei der Mobbing-Beratung bin ich nicht allein. Manchmal bekomme ich Eingebungen, eine bestimmte Frage zu stellen. Dann kann es geschehen, dass die anrufende Person dadurch ein neues Fenster, eine andere Perspektive eröffnet bekommt.

Neue Perspektive
Eine Frau, Mitte 50, schildert mir wie ein Wasserfall sprudelnd ihre Schwierigkeiten mit ihrer Büro-Kollegin. Diese quassele, rede so oft negativ, schimpfe und schreie, dass sie nicht nur ihre Arbeit nicht recht schaffe, sondern auch nicht mehr weiter wisse und mit Angst zur Arbeit gehe. Neulich sei sie beim Austeilen des Monatsbriefes ihrer Kirchengemeinde gestürzt und habe sich den Arm gebrochen. „Da hat Gott eingegriffen und mich vor dieser Kollegin geschützt." In der Krankheitszeit (mit Gips konnte sie ja keine Tastatur bedienen), habe sie über sich nachgedacht und neue Kraft bekommen. Ob sie schon einmal daran gedacht hat, mit einem Seelsorger darüber zu reden und zu beten. „Nein, ich bete allein, zu unserem Pfarrer habe ich kein rechtes Vertrauen."

Nachdem ihr Mann aufgrund seiner Alkoholkrankheit gestorben sei, so erzählte sie weiter, sei sie nun wieder auf Partnersuche. „Aber in den Gottesdienst gehe ich nicht so gerne, weil ich als allein stehende Frau dort als Freiwild angesehen werde." Ich habe sie gefragt, ob sie das wisse, dass dort Männer über sie so denken. „Vielleicht sind es ja nur meine eigenen ängstlichen Gedanken." Was wäre eigentlich so schlimm daran, wenn ein kirchlicher Mann sie freundlich anschaut? Ich habe ihr eine Selbsthilfegruppe empfohlen, damit sie lernen könne, sich besser abzugrenzen, und habe ihr eine Adresse dafür in der Nähe ihres Wohnortes genannt. – Diese Frau hatte zumindest auch wegen der Anonymität der Mobbing-Hotline offensichtlich Vertrauen zu mir gefasst, wofür ich ihr ausdrücklich dankte. Am Schluss gab ich ihr eine

Liedzeile von Paul Gerhardt mit auf den Weg [132]: *Der Wolken, Luft und Winden gibt Wege, Lauf und Bahn, der wird auch Wege finden, da dein Fuß gehen kann.* Sie wünschte mir für meine Arbeit Gottes Segen.

Intelligent oder weise?
Am Ende eines Gespräches fragte ich eine Anruferin, ob sie eine Beziehung zur Kirche habe. Sie verneinte das. Ich sagte, ich möchte ihr dennoch einen Satz sagen, nämlich: *„Schwierigkeiten im Leben sind Umarmungen Gottes."* – „Oh, da hatte ich schon viele Umarmungen!" sagte sie und meinte damit, sie habe schon viele Schwierigkeiten gehabt. Ich entgegnete, das sei ein schwerer Satz, eine schwierige, aber wahre Lebens- und Glaubensweisheit von einem, der es wissen musste, nämlich Martin Luther. Er habe das aber auch erst nach durchlebten und durchlittenen Krisen so bekennen können.

Eine andere Frau, die mit 70 Jahren noch ihre Rente durch einen Mini-Job erhöht, fragt als erstes: „Wie kann ich meinen IQ (Intelligenzquotienten) erhöhen?" „In Ihrem Alter gar nicht mehr, allenfalls Ihre Gedächtnisleistung", antworte ich, „aber warum fragen Sie danach?" – „Mein Chef hat mir jetzt gesagt, mein IQ sei für seinen Betrieb zu gering. Das hat mich sauer und traurig gemacht." – Im weiteren Verlauf des Gespräches, frage ich sie, ob sie eine Beziehung zu Gott habe. „Ab und zu bedanke ich mich bei Ihm", sagt sie, „aber ich bin es nicht wert, Ihn um etwas zu bitten." – „Ich weiß, dass manche Menschen so denken, aber in der Bibel steht das aber so nicht", entgegne ich. „Dort heißt es [133]: 'Ich bin es nicht wert, dass Du mein Haus betrittst; aber sprich nur ein Wort, dann wird mein Diener gesund.' In der Abendmahlsliturgie ist der letzte Teil abgewandelt: '…dann wird meine Seele gesund.' Das können Sie auch so beten und bitten."

Sie erzählt weiter, dass sie sich an die Geschichten aus der Bibel habe erinnern wollen, die sie als Kind von Diakonissen gehört habe. Deshalb habe sie in einer Buchhandlung eine Kinderbibel kaufen wollen. Die Bedienung an der Kasse habe sie gefragt: „Warum kaufen Sie so ein Zeug für Ihre Kinder oder Enkel?" Ganz davon abgesehen, dass eine solche negative Äußerung geschäftsschädigend ist, hat sie entgegnet: „Das kaufe ich für mich selbst." Die Blicke der Buchhändlerin müssen daraufhin wohl noch verwunderter gewesen sein. Ich versuche, ihr Mut zum Bibellesen zu machen, und zitiere dann auch ihr den Luther-Satz: Schwierigkeiten im Leben sind Umarmungen Gottes. Nachdem wir noch über Anderes gesprochen haben, frage ich sie, ob sie noch etwas sagen oder fragen wolle. Sie sagt: „Das mit der Umarmung Gottes finde ich gut." Möge ein Wunder geschehen und sie die Umarmung Gottes spüren! *„Der Herr ist nahe denen, die zerbrochenen Herzens sind."* Psalm 34,19

Ich verbinde mit solchen Sätzen und Fragen die Hoffnung, dass etwas hängen bleibt und nachwirkt. Vielleicht dauert das Wochen oder sogar Jahre, bis jemand erkennen kann: Ja, Gott liebt mich, achtet mich wert und war mir auch in schweren Tage nahe.

O Gott!
„O Gott!" seufzt die Arzthelferin, als sie mir von ihrem Chef in der Praxis erzählt. Sie blicke nicht recht durch, wann er was für ein „Spiel" spiele. Er habe zwei Gesichter: ein fürsorglich-väterliches und ein undurchschaubares-(ab)mahnendes, Angst machendes Gesicht. Neulich sei herausgekommen, er habe jemanden beauftragt, in der Praxis probeweise anzurufen, um das Telefonverhalten seiner Sprechstundenhilfen zu testen. Sie habe sich dabei nicht gemäß seinen Anweisungen verhalten. Das bestreitet sie aber.
Ich frage sie, wie sie den Ausruf „O Gott" meint. Als bloße Floskel oder mit einem bestimmten Hintergrund? Sie antwortet, sie sei streng katholisch erzogen worden und habe seit Kindesbeinen einen strafenden Gott im Hinterkopf. Sie habe (deshalb?) keinen Bezug zur Kirche. „Und zum Beten?" frage ich. Sie: „Es steht mir nicht zu, zu Gott zu beten oder gar ihn etwas zu bitten. Ich habe das Gefühl, ich bin zu schlecht, zu schlecht als Arzthelferin zu Patienten, zu schlecht vor oder für Gott. Obwohl mein Kopf mir sagt, ich bin eigentlich eine gute Mitarbeiterin und habe ein gutes Verhältnis zu den Patienten."
Sie erlebt also ihren Chef – und landläufig werden ja manche Ärzte als Halbgott in Weiß bezeichnet – genauso, wie sie Gott in der Kindheit vermittelt bekommen hat. Ihr Chef hat ihr zudem schon mal Medikamente gegen ihre Depressionen verschrieben und ihr einen Termin bei einer Psychiaterin ohne Absprache mit ihr besorgt und sie kürzlich sogar krankgeschrieben. Jetzt hat er ihr wegen zweier Lappalien in der

Praxis, wobei sie an dem zweiten Vorgang gar nicht beteiligt war, je eine schriftliche Abmahnung mit Androhung einer Kündigung gegeben. Sie fühlt sich total verunsichert, auch angesichts ihres Alters von 54 Jahren und der schlechten Arbeitsmarktsituation.

Ich habe ihr nicht nur verschiedene Hinweise auf Beratungsmöglichkeiten, etwa auch in einer Selbsthilfegruppe gegeben, sondern ihr auch zweierlei geraten: Sie brauche erstens unbedingt Abstand und Abgrenzung zu ihrem Arbeitgeber, ihr Chef dürfe nicht auch noch ihr Hausarzt sein. Zweitens solle sie versuchen, sich von dem Gedanken zu lösen, es stehe ihr nicht zu, Gott ihr Leid zu klagen und ihn um Schutz und Besserung zu bitten. Stattdessen könne sie die Nähe Gottes suchen, er teste die Menschen nicht. Vielleicht wartet er schon lange auf ihre An-Sprache, egal mit welchen Worten oder Wünschen. Kommunikation heiße in der lateinischen Urbedeutung „Gemeinschaft empfangen", sie brauche sich Gott nur zu öffnen, egal ob sie dabei die Hände faltet oder sie ihm geöffnet hinhält.

Stress bei Anrufenden und beim Angerufenen
Einmal erzählte mir ein Mann, was nicht so häufig ist, seine Leidensgeschichte. Bei den Überlegungen, was und wer ihm helfen könnte, hörte ich nur noch ein Rauschen, was auch ein lautes Atmen oder Schnaufen sein könnte. Aber auf mein „Hallo" und „Antworten Sie bitte" kam nichts. Die Leitung war tot. Mir kam die bange Frage, ob der Anrufer vielleicht ohnmächtig geworden ist. Dann klingelte das Telefon wieder. Es war derselbe Mann, sein Telefon habe ausgesetzt, er rufe jetzt vom Handy aus an. Ich war erleichtert.

Ein Beraterkollege erzählte mir, er habe einen jungen Mann an der Strippe gehabt, der aufgrund von übermäßigem Druck im Betrieb nun auf einer Brücke stehe und überlege hinunter zu springen. Der Berater habe es schließlich geschafft, ihn davon abzubringen. – Das sind absolute Stress-Gespräche, zum Glück selten. Aber man fragt sich natürlich, was aus diesen verzweifelten Menschen wird und ob sie die Hilfestellungen annehmen und umsetzen, über die man mit ihnen gesprochen hat. Und ob sich in solchen Betrieben mal etwas ändert.

Unverschämt
Unter Tränen erzählte mir eine 41-jährige Frau: „Ich bin fertig und maßlos enttäuscht von den Menschen." Aus der Firma, in der sie ge-

mobbt wurde, sei sie schon lange raus. Eine 8-jährige Psychotherapie habe letztlich nichts gebracht. Sie sei dann an eine, wie sie heute weiß, sehr zweifelhafte Frau geraten, die ihr zwar geholfen habe, mit ihren Traumata umzugehen, die sie aber in eine neue, sehr ungute Abhängigkeit gebracht habe. Nur unter großen Schwierigkeiten und mit Hilfe eines Sektenbeauftragten habe sie sich von dieser Frau lösen können. Sie habe zwar wieder eine neue Arbeitsstelle, wo sie mit Büchern zu tun habe, was ihr liegt, aber: „Mein Mobbing-Scanner im Kopf ist permanent auf 20 Prozent an; ich könnte ihn jederzeit wieder auf 100 Prozent hochfahren." Sie beschreibt ausführlich, warum sie in ständiger Alarmbereitschaft sei, jemand könne sie „aufs Kreuz legen". Aufgrund eines Sicherheitstrainings bei der Polizei könne sie sich auch notfalls wehren. Ihren Pfefferspray und ihr Handy habe sie ständig dabei. „Aber was soll das Ganze? Ich finde auch keinen neuen Partner, noch nicht einmal eine Freundin, die mit mir einfach nur spazieren geht." Sie sei „austherapiert". So viel habe sie schon unternommen. Bei einem Kochkurs sei wieder ein Mann zudringlich geworden. Im Sportverein sei sie allein geblieben. Zuletzt habe sie sich in einer Kirchengemeinde beim Single-Frühstück engagiert. Der Seelsorger, mit dem sie auch gebetet hatte, habe sie aber in einer Konfliktsituation mit einem Mann allein gelassen und habe ihr nicht beigestanden. „Wenn man schon eine Wunde hat, kommt immer wieder ein neues Schwein, das mir eine noch größere Wunde zufügt." Ich fragte sie, ob sie gedanklich schon auf der Brücke stehe. Mit Erleichterung hörte ich ihre Antwort, die direkt und bestimmt kam: „Nein."
Manchmal ist es wichtig, einfach nur zuzuhören, das Seufzen und die Tränen der anrufenden Person auszuhalten, auch wenn man so gar keine rechte Lösung weiß.

Schließlich fragte ich sie (aufgrund eines Buches, in dem ich am Vorabend gelesen hatte), ob sie das Wort kenne: *„Alles ist eitel und ein Windhauch."* Sie verneinte. „Vielleicht lesen Sie mal die 12 kurzen Kapitel des Buches Kohelet (Prediger Salomo) im Alten Testament. Dieser Mensch hat vor mehr als 2000 Jahren ähnliche Erfahrungen wie Sie gemacht. Aber er bleibt nicht in seinem Fatalismus stecken, sondern kommt zu einem Dennoch!" - Hoffentlich schlägt sie ihre Bibel auf! Dann wird sie den Vers finden (4,1): *„Ich habe alles beobachtet, was unter der Sonne getan wird, um Menschen auszubeuten. Siehe, die Ausgebeuteten weinen,* *und niemand tröstet sie; von der Hand ihrer Ausbeuter geht Gewalt aus, und niemand tröstet sie."* Aber dann (7,14): *Auch den Unglückstag hat Gott geschaffen."* Und: *"Denk an deinen Schöpfer!"* (12,1) *"Fürchte Gott!* (12,13) Ich habe ihr für ihre Offenheit gedankt, sie mir dafür, dass ich es eine Stunde mit ihr am Telefon ausgehalten habe. Gott allein weiß, was ER mit dieser Frau noch vorhat.

Schuld in die Schuhe geschoben bekommen

Eine andere Frau erzählt, dass ihr Kolleginnen und Kollegen immer wieder die Schuld für Fehler in der Produktion in die Schuhe schieben. Sie wisse sich nicht mehr zu helfen, nachdem sie weder vom Meister noch vom Betriebsrat Hilfe bekommen habe. Eine Psychotherapie habe sie abgebrochen, u.a. weil der Psychologe, offenbar ohne weitere Erklärung, gesagt habe, „Tinnitus (*das Rauschen und Pfeifen im Ohr, an dem sie leidet*) ist keine Krankheit." Das stimmt zwar medizinisch, die Fachleute bezeichnen dieses sehr lästige bis quälende Phänomen eher als Symptom oder Syndrom. Aber sie fühlte sich nicht verstanden. Sie gehe in die Kirche und bete, wenn dort kein Gottesdienst sei. Sie lese auch die „Losungen" [134]. Eine Zeitlang sei sie zu den Baptisten in den Gottesdienst gegangen und habe ihrer Schwester davon erzählt. Von der habe sie dann aber eine SMS bekommen: „Unserem Hund geht es schlecht. Wir haben Probleme mit unserer Tochter. Bist du in einer Sekte?" Der Verdacht, Mitglied in einer Sekte geworden zu sein, habe sie zusätzlich verletzt. – Ich habe ihr versichert, der Bund Evangelisch- Freikirchlicher Gemeinden (Baptisten) ist Körperschaft des Öffentlichen Rechts und ist Mitglied in der Arbeitsgemeinschaft Christlicher Kirchen ACK. Vielleicht könne sie dort einen Mitbeter und einen Seelsorger finden.

Aus- und Nach-Wirkungen

Manchmal erfahre ich doch (Nach- oder Aus-)Wirkungen: So schrieb mir eine Frau in einer Mail:
„Am Montag habe ich in einer Familienangelegenheit meinen Rechtsanwalt angerufen und ihm gesagt, dass ich auf hart erkämpften Unterhalt verzichte sowie im Interesse meiner drei erwachsenen Kinder mit einer geringen Summe unseres gemeinsamen Hauses zufrieden bin. Mein Umfeld denkt anders darüber; ich bin jedoch meinem Inneren gefolgt. Diese Woche bekam ich den inneren Impuls, in der Gegenwart meines

Herrn zu leben und in ein größeres Vertrauen zu IHM zu kommen. Ich habe IHN auch gebeten, mir eine Antwort zu geben. Heute hat mich eine Freundin gebeten, mir Ihre Homepage zu fotokopieren. Durch die Startseite „Mediation - Der kaukasische Kreidekreis" bin ich in eigener Sache positiv bezüglich Kinder und Haus weitergekommen und bekam eine Antwort. So wächst Vertrauen zu IHM. In Dankbarkeit Ihre B. R."
Von ihrer Freundin hatte ich einen Anruf auf der Mobbing-Hotline bekommen, sie beraten und ihr Internet-Hinweise gegeben, auch meine Webseite. Sie habe keinen Computer und werde eine Freundin beauftragen. Die wiederum hat sich durch eine Passage meiner Homepage ansprechen lassen, also ziemlich indirekt, und ist in ihrer privaten Konflikt-Situation einen Schritt weiter gekommen! Ich war sehr dankbar für diese Mail!

Eine Frau mailte mir, nachdem ich ein langes Telefonat mit ihrem Mann hatte: „Grüß Gott, vielen Dank noch einmal für Ihre helfenden Worte! Hoffen und beten wir gemeinsam, dass mein Mann sich für Hilfe öffnen kann, und wieder (oder zum ersten Mal richtig?) Freude am Leben findet. Sicherlich werden auch Ihre Zeilen, die sie übersenden wollen (gemeint ist mein Artikel über Mobbing), dazu beitragen. Herzliche Grüße aus H., O. S."

Leitbilder
Frau L. mailte mir nach einem Gespräch, in dem ich sie danach gefragt hatte, ob es in ihrem Unternehmen ein schriftliches Leitbild gebe: Ja, da stehe folgender Satz drin: *„Alle Beschäftigten sind aufgerufen, durch ihr eigenes partnerschaftliches Verhalten zu einer positiven Arbeitsatmosphäre beizutragen."* Aber in ihrem Unternehmen werde immer wieder dagegen verstoßen.
Ein großer Lebensmittel-Discounter, der von zwei Brüdern geleitet wird, warb kürzlich in einer großen Stellenanzeige um Ausbildungsplätze: „Was Sie mitbringen: …Fairness und Respekt im Umgang mit anderen Menschen, ausgeprägte Kundenorientierung, Teamgeist."
Ein Konkurrenz-Unternehmen steht dagegen in den Schlagzeilen wegen zahlreicher Arbeitsgerichtsprozesse, auch wegen Verhinderung der Bildung von Betriebsräten und Ablehnung von Tarifverträgen. Dieser Discounter, so hieß es in der Presse [135], erwarte Impulse durch eine ansprechendere Gestaltung der Filialen; neue Beleuchtung und

breitere Gänge und niedrigere Regale seien geplant. Ich meine, die Verantwortlichen sollten lieber in die Verbesserung des Betriebsklimas investieren!

Laut einer Umfrage des Hamburger BAT-Freizeit-Forschungsinstituts vor einigen Jahren leben die Deutschen im Zwiespalt zwischen alten Werten und neuen Märkten. Kirche und Religion sind ihnen genauso wichtig im Leben wie „Aldi" und „adidas" (je 22 Prozent). Bei der persönlichen Werteinschätzung rangiere die Bibel mit 19 Prozent nur knapp vor Coca-Cola (18 Prozent), Levis (17 Prozent) und McDonalds (15 Prozent). Der Spaß-Faktor sei heute gleich bedeutsam wie der Sinn-Faktor.
In der Krise wird dann aber mehr nach dem Sinn gefragt. Und bei manchen Anrufenden kommt die Warum-Frage. „Warum ist mir das passiert?" Warum passiert mir das zum zweiten Mal? Aus der Enttäuschung über Menschen kann dann auch eine Enttäuschung über Gott erwachsen. Nicht jeder formuliert das so bissig-sarkastisch, wie es einst Heinrich Heine kurz vor seinem Tod 1856 getan hat: *Ich werde den lieben Gott, der so grausam an mir handelt, beim Tierschutzverein verklagen.* Ich versuche stattdessen, das Wozu zu thematisieren und den Blick in die Zukunft zu richten. „Depression ist die Sehnsucht nach Zukunft."

Der Zukunftsforscher Matthias Horx rät [136]: *Mit Angst über Hoffnung zu Zielen gelangen und nicht fragen, warum alles immer schief geht.* Darin stimme ich mit ihm überein, nicht aber mit seinem folgenden Satz: „Auch in der schwersten Wirtschaftskrise haben die Deutschen munter weitergekauft, sind nicht aus dem Fenster gesprungen. Wir haben nach unten geblickt und den Schwindel ausgehalten." Nein, immer mehr Menschen sind schwindelig bis zum Umfallen geworden und haben ihre Munterkeit verloren! Die Ärzte und Therapeuten in den Reha-Kliniken können ein Klage-Lied davon singen. Wie viele Fenster, Brücken, Eisenbahnzüge, Bäume an den Straßenrändern könnten traurige Geschichten vom Ende eines Menschen erzählen! Aber wenn man sich helfen lässt, dann gibt es ein Leben nach dem Mobbing! Ich kann das aus eigener Erfahrung so bezeugen.
Ein Scherzwort von Sueton, einem römischen Historiker: „Ein guter Hirte darf seine Schafe wohl scheren, aber nicht schinden." Wer's trotzdem tut, den nennt man einen „Mäh-Drescher".

Aber im Ernst: Es gibt heute zwei Arten von Hirten: Die einen interessieren sich für die Wolle, die anderen für das Fleisch. Für die Schafe interessiert sich niemand. Diese Hirten, die nur ans Scheren und Schlachten denken, sind im Wesentlichen damit beschäftigt, ihr eigenes „Schäfchen ins Trockene" zu bringen.

Es gibt jedoch ein gegenteiliges Leit-Bild: den Guten Hirten, Jesus (Johannes 10,11-18). Er opferte sich selbst und wurde zum Lamm Gottes. ER hält mich nicht unmündig wie ein dummes Schaf. ER befreit mich von meiner Angst um mich selbst. Ich kann mich IHM getrost lassen: *Der Herr ist mein Hirte.* [137]

Mit stillem, sanftem Mut?
Noch einmal Paul Gerhardt, der in seinem Leben sehr viel verloren hatte. Er dichtete im Jahr 1647 [138]:

> *Ich will daraus* (aus Jesu Kreuzestod) *studieren,*
> *wie ich mein Herz soll zieren*
> *mit stillem, sanftem Mut,*
> *und wie ich die soll lieben,*
> *die mich doch sehr betrüben*
> *mit Werken, so die Bosheit tut.*
> *Wenn böse Zungen stechen,*
> *mir Ehr und Namen brechen,*
> *so will ich zähmen mich;*
> *das Unrecht will ich dulden,*
> *dem Nächsten seine Schulden*
> *verzeihen gern und williglich.*

Woher soll man einen „stillen sanften Mut" nehmen? Eine Krankenschwester erzählte mir, sie habe ihrem Psychotherapeuten berichtet, ihre Stationsschwester brülle sie immer wieder an. Er habe ihr geraten, „zurückzuschreien, dass die Wände wackeln". Sie habe die Therapie abgebrochen, weil sie selbst einfach nicht schreien kann und weil sich auch in ihrem Wesen nicht verstanden gefühlt habe. Ein Seminar „Aus Wut mach Mut!" im Sinn von Ärgerbewältigungstraining wäre vielleicht für sie besser gewesen.

„Mich zähmen", „Unrecht dulden", die Mobber „lieben" und ihnen „verzeihen"? Was bei den Menschen unmöglich ist, das kann mit und durch Gott möglich werden! (Lukas 18,27) „Leiden kann einem Menschen seine Menschlichkeit nehmen, so dass 'die Gebeine vertrocknen', wie die Psalmen sagen. Aber Leiden kann dem Leben auch Tiefe und Reichtum geben." [139]
Schon Leymann hat 1993 in seinem Mobbing-Buch der Seelsorge einen eigenen Abschnitt gewidmet: *„Der Seelsorger ist ein wichtiger Helfer, der im Chaos der Glaubens- und Lebensfragen Wegweiser sein kann."*

Das Kreuz angeschaut
Fünf Heilmittel gegen Schmerzen und Traurigkeit: Tränen, das Mitleiden der Freunde, der Wahrheit ins Auge sehen, baden, schlafen. Thomas von Aquin (12. Jahrhundert)

Ich nenne sie Jutta, die noch nicht dreißigjährige Fachkraft in einer sozialen Einrichtung, die mich kontaktierte: „Ich werde von einem Kollegen angeschrieen, beleidigt, wiederholt gemobbt – das hat er zuvor schon auch bei anderen gemacht. Seit seiner Drohung gegen mich vor ein paar Monaten ist die ganze Sache ein Alptraum für mich. Ich bin deshalb zurzeit wegen schrecklicher Rücken- und Kopfschmerzen krank geschrieben. Ich könnte jetzt wieder heulen." Sie tut es auch. „Ich habe den Abteilungsleiter und die Mitarbeitervertretung um Hilfe und Schutz gebeten – vergeblich, trotz des Leitbildes der Einrichtung, das auf das 'christliche Menschenbild' Bezug nimmt. Er, der Daniel, hat offenbar ein Freibrief für all sein Fehlverhalten. Insbesondere nachts fahren meine Gedanken Achterbahn. In so einem verlogenen Scheißladen kann ich nicht mehr weiter arbeiten. Ich brauche eine neue Perspektive!"
Auf ihren späteren Versetzungsantrag erhielt sie mehrere Wochen keine Antwort, dann ein Angebot, das sie aus verschiedenen Gründen nicht annehmen konnte. „Dann würde ich vollends als Verliererin dastehen."
Vor einigen Jahren habe sie sich aufgrund einer schweren Erkrankung viele Gedanken über den Sinn des Lebens gemacht. Nach einem späteren Auslandsjahr sei sie glücklich zurückgekehrt. „Ich hatte zu mir selbst gefunden und strahlte vor Freude. Allen Menschen hatte ich gern in die Augen gesehen und sie angelächelt." Dieses unbeschreibliche Gefühl sei jetzt vollkommen weg und ins Gegenteil verkehrt: „Ich

stehe jetzt ganz allein da. Ich habe Angst bei dem Gedanken, wieder in die Höhle des Löwen gehen zu müssen. Es kann doch nicht sein, dass der Daniel mit all seinen Frechheiten durchkommt, der muss in die Schranken verwiesen werden, der gehört bestraft!"

Nach mehreren Gesprächen und Mails hin und her erzählte ich ihr von meiner damaligen Krise und dass mir der Glaube an Gott Halt und Zuversicht gegeben hat. Ich fragte, was denn für sie der Sinn des Lebens sei. „Ich bin zuhause christlich erzogen worden, merkte aber später, dass mein Vater das selbst nicht lebte, was er mir vermittelte." Auch aus anderen Gründen habe sie sich von ihrem Vater losgesagt und seit einiger Zeit keinen Kontakt mehr mit ihm. „Und nun ist da dieser Daniel, der mich an meinen Vater erinnert. Das ist alles ein Chaos und verstrickt." Sie erinnerte sich, dass sie als Kind gerne das Lied gesungen hatte „Sei ein lebend´ger Fisch!" und brachte zum Ausdruck, dass sie sich gerne wieder positiv lebendig fühlen möchte.

Ich mailte ihr daraufhin den Liedtext dieses frommen Kinderliedes: *Habe doch den Mut, einmal anders zu sein als die meisten Leute um dich her, wenn sie dich auch alle als ‚nicht ganz normal´ verschrein… Sei ein lebend´ger Fisch, schwimme doch gegen den Strom! Auf, und wag es frisch: Freude und Sieg ist dein Lohn.* Text: Margret Birkenfeld.

Ich fragte später per Mail weiter: „Wussten Sie, dass der Name ´Daniel´ übersetzt ´Gott ist mein Richter` heißt? Sie müssen ihn nicht richten. Das ist nicht Ihre Aufgabe. Unabhängig davon, ob er selbst die Bedeutung seines Namens kennt, könnte das Wissen, dass Gott sein Richter ist, Sie entlasten. Und außerdem: Sie sagen immer wieder, sie seien ganz allein, ohne einen an Ihrer Seite. Könnten Sie an Ihren Kinderglauben anknüpfen? ER, Gott, ist an Ihrer Seite. Jesus trug unsere Angst, unsere Schmerzen, unsere Einsamkeit und Ohnmacht."

An einem Sonntagabend – am nächsten Tag sollte ihr erster Arbeitstag nach der längeren Arbeitsunfähigkeit sein – mailte sie mir: „Das Vertrauen zu Ihnen habe ich aufgebaut und ich glaube Ihren Worten. Ich habe heute Abend auf einem Berg gestanden. Hinter den Büschen hat die Gemeinde ein ganz neues Kreuz angebracht. Dieses Kreuz habe ich sehr lange angeschaut. Erst jetzt gerade habe ich Ihre Zeilen gelesen."

Ich antwortete ihr: „Bevor Sie meine Mail gelesen hatten, hatte ER Ihnen, als Sie Sein Kreuz anschauten, schon eine „Mail" mit diesem Inhalt „geschickt". So treffend und sinnvoll hätte ich das gar nicht gekonnt."

Das Kreuz anschauen heißt auch, Christi Wunden anschauen, Zuflucht bei Seinen Wunden suchen. *„Durch Seine Wunden sind wir geheilt."* So Gottes Zusage in Jesaja 53 Vers 5. *„Gott liebt dich auch in böser Zeit."* Das ist die christliche Botschaft. Aber gerade in dunklen, grau-schwarzen Tagen ist solch ein Glaube angefochten, so dass man verzweifelt-hoffnungsvoll wie „Rosenstolz" in dem Song „Gib mir die Sonne" singt: „Gib mir all die Farben wieder zurück!" Etwas über die Liebe Gottes muss einem deshalb von einem anderen zugesprochen werden. Und dann kann es geschehen, dass man spürt: Gott integriert das Leid in seinen Heilsweg. Gott bringt wieder Farbe in mein Leben.

„Inne werden" ist ein Ausdruck, der heute kaum mehr gebraucht wird und meint, ganz tief innen eine Klarheit, ein Bewusstsein bekommen. Bei dieser Jutta war es wohl so, noch konkreter: Sie ist „keusch" geworden in der alten lateinischen Bedeutung des Ursprungswortes „conscius" gleich bewusst, genauer sich des Leidens und Sterbens Jesu Christi bewusst werden (siehe 1. Timotheus 4,12). Ich hoffe, dass Jutta nun ganz anders kommunizieren und so auch wieder Gemeinschaft empfangen kann, vielleicht sogar mit diesem Daniel. Und möglicherweise traut sie sich, wieder zur Kommunion, zum Abendmahl zu gehen…

Ich weiß nicht, ob diese Jutta es an ihrem Arbeitsplatz weiter ausgehalten hat, vielleicht, weil sich in ihr und in ihrem Kollegen Daniel etwas geändert hat, oder ob sie sich schließlich weg beworben hat. Wenn sie ihren Frieden gefunden haben sollte, wäre ihre nächste Aufgabe, sich mit ihrem Vater auszusöhnen…
In den Streit der Welt hast Du uns gestellt, Deinen Frieden zu verkünden.
Liedzeile von Peter Strauch [140]

Schutzengel
Unterdrücke nie den Trieb deines Gewissens und die innerliche Schamhaftigkeit vor dem Bösen; sie sind die Schutzengel des Guten.
Christian Fürchtegott Gellert, Sämtliche Schriften, 1769

Eine Rechtsanwaltskanzlei warb in einer Zeitungsanzeige mit dem Satz: „Ihr Schutzengel hat Jura studiert. Vertrauen ist gut. Anwalt ist besser." Diese Werbung finde ich ziemlich daneben, denn ein Anwalt ist Interessen-Vertreter seiner Partei und wird selten das Vertrauen der Gegenseite bekommen. Ich habe zwar auch Jura studiert, aber ich meine, das Recht ist bei menschlichen, emotionalen Konflikten ein sehr stumpfes Instrument. Die Einschaltung eines Anwaltes bedeutet nur zu oft eine Eskalation des Konfliktes. Jede Seite meint, sich behaupten und das Vorbringen des Gegners (!) bestreiten zu müssen.

Jedes Rechtsverfahren und zumal jeder Prozess erfordert viel Kraft und bringt vielleicht ein Urteil, aber keinen Frieden. Deshalb bin ich überzeugt, ein erfahrener Mobbing-Berater und Mediator ist eher ein „Schutzengel", weil er bessere Lösungen erzielen kann. Und die wirklichen Engel sind unverfügbar. Man kann sie sich nicht zu dienstbaren Geistern machen; das kann nur Gott.

Gott, bewahre mich vor der naiven Meinung, es müsse im Leben alles glatt gehen. Schenke mir die nüchterne Erkenntnis, dass Schwierigkeiten, Niederlagen, Misserfolge, Rückschläge selbstverständliche Zugaben zum Leben sind, durch die wir wachsen und reifen. Antoine de Saint-Exupéry

Ein Wort noch zu der bundesweit wichtigen und anerkannten Telefonseelsorge: Soweit ich informiert bin, galt zumindest lange Zeit (und noch immer?) der Grundsatz, dass der Anrufende selbst auf die Lösung seiner Probleme kommen muss. Das halte ich für problematisch. Einem, der in die Grube gefallen ist, kann man nur helfen, wenn man nahe genug herankommt, um ihm die Hand zu reichen; zugleich braucht man sicheren Boden, um nicht selbst hinab zu fallen.

„Was vermag schon eine Seele aus sich selbst? Immer braucht sie einen Katalysator, um sich verändern zu können." So schrieb Christine Brückner [141]. Ein Katalysator ist – wörtlich übersetzt - ein (Auf-)Löser, ein Stoff, der eine Reaktion in Gang setzt, eine Lösung bringt. Das helfende Wort muss mir daher von einem anderen gesagt werden!

Astrologie
Eine Frau schreibt einem Medienastrologen, der das Folgende veröffentlichte:

„Mein Mann (Löwe, geb. 1962) hat seit einiger Zeit massive Probleme in der Arbeit. Er ist dadurch schon richtig krank geworden und leidet unter Herzrhythmusstörungen... Er hat Angst, den Arbeitsplatz zu wechseln. Ich habe Angst, dass er diesen Druck nicht mehr länger aushält... Wie sehen seine Sterne in nächster Zeit aus? Soll er vielleicht doch den Arbeitsplatz wechseln?"
Seine Antwort: „Klare Aussage, ja...! Ihr Mann spürt die Unruhe vom laufenden Uranus, der in Opposition zu seinem zehnten Haus (Beruf) und zu Pluto steht. Da dieser schon ein paar Jahre seine Planeten im Löwen (Venus, Jupiter, Sonne, Mars, Pluto und das MC) attackiert, ist es kein Wunder, dass sich hier mittlerweile auch gesundheitliche Probleme einstellen. Das Zeichen Löwe steht ja auch für den Zustand von Herz und Kreislauf. Aber der laufende Jupiter eilt zu Hilfe und befreit ihn von dieser ungeliebten Arbeit. Ihr Mann braucht keine Bedenken zu haben bei der Suche nach einer anderen Arbeit. Motivieren Sie Ihren Mann, damit er auf Arbeitssuche geht. Jupiter in Konjunktion zum MC bringt in den meisten Fällen etwas Besseres. Uranus möchte die Veränderung. Stagnation und ausharren wäre hier eigentlich völlig falsch. Befreiung und Expansion heißt das Motto für ihn." (MC bedeutet Medium Coeli = Himmelsmitte.)

Darauf könnte man mit E. von Hirschhausen antworten [142]:
„Ich würde daran (an die Astrologie) sehr gerne glauben, aber es fällt mir wirklich schwer. Warum sind die Sterne so wichtig bei der Geburt und nicht schon bei der Zeugung? ... Die Babylonier meinten, das Leben beginne mit der Geburt, und die Sternenkonstellation bestimme den Zeitpunkt. Wer einmal hinter die Kulissen einer Geburtsstation geschaut hat, blickt nicht an den Himmel, sondern auf den Dienstplan...: Die Oberärzte sind unterschiedlich schnell mit der Geburtseinleitung oder dem Kaiserschnitt... Eine Minute später, und man wäre ein ganz anderer Mensch geworden? ... Die realen Sterne zu den Bildern am Himmel befinden sich (durch die Kreiselbewegung der Erdachse) nicht mehr an der gleichen Stelle wie vor 2000 Jahren, trotzdem nutzen viele Astrologen noch heute die alten Konstellationen. Heute weicht die tatsächliche Himmelskonstellation von den astrologischen Tafeln um mehr als zehn Tage ab, das heißt zum Beispiel, dass jemand, dem der Kalender das Sternzeichen Krebs zuschreibt, in Wirklichkeit mit der Sonne im Sternbild Zwilling geboren ist. Aber das scheint niemanden

wirklich zu stören... Wenn über die Hälfte der Deutschen Horoskope liest, zeigt das, wie wir alle in der sehr menschlichen Mischung aus Hoffnung und Eitelkeit, aus Selbstzweifel und Überschätzung unserer Bedeutung in diesem Universum unterwegs sind..."

Man kann auch sehr viel kürzer mit einem Vers aus dem Alten Testament (Sacharia 10,2) antworten: *„Die Wahrsager schauen Trug und erzählen nichtige Träume, und ihr Trösten ist nichts."*

Der Herr sei vor dir, um dir den rechten Weg zu zeigen. Der Herr sei hinter dir, um dich zu bewahren vor der Heimtücke böser Menschen. Der Herr sei unter dir, um dich aufzufangen, wenn du fällst, und dich aus der Schlinge zu ziehen. Der Herr sei über dir, um dich zu segnen. So segne dich der gütige Gott!

Segen der frühen Kirche

16. Rechtliches

Wir werden unserer sittlichen Verantwortung nicht gerecht, wenn wir in unserem Verhalten nur Gesetzen, Befehlen und Weisungen folgen, hinter denen man sich verstecken kann. Richten wir unser Handeln allein an gesetzlichen Vorschriften, Weisungen und Befehlen aus, so leben wir nach einer Gesetzesmoral. Diese legalistische Einstellung kann hinweisen zum Beispiel auf eine Trägheit, eine Bequemlichkeit, die die Anstrengung einer eigenverantwortlichen Entscheidungsfindung scheut. Sie kann zeigen, dass wir kein Vertrauen in unsere eigene Entscheidungskraft haben oder von einem überwertigen Sicherungsbedürfnis („law and order") geleitet sind. Wer glaubt, allein mit der Einhaltung der Gesetze seiner Verantwortung gerecht zu werden, missachtet letztlich seine Selbstverantwortung. Begriffe wie Person, Freiheit oder Gewissen verlieren an Bedeutung. Gerd Hösl [143]

Grundsätzliches
Louis Begley, ein US-amerikanischer Schriftsteller polnisch-jüdischer Herkunft, berichtete, wie ihn die Schreie der in seinem polnischen Heimatdorf von NKWD-Angehörigen Gefolterten bis heute verfolgten. Er habe auch sonst erlebt und nie vergessen, was bewaffnete und körperlich überlegene Menschen mit anderen Menschen anstellen können; das habe ihm gezeigt, dass der Mensch böse sei, und der einzige Schutz dagegen seien Recht und Gesetz [144].
Ich meine dagegen, bei aller Unterschiedlichkeit der Situation damals und heute, dass das Recht wichtig, ja unverzichtbar, aber bei menschlichen, emotionalen Konflikten ein sehr stumpfes Instrument ist. Die Einschaltung eines Anwaltes bedeutet nur zu oft eine Eskalation des Konfliktes. Jede Seite meint, sich behaupten und das Vor-Bringen des Gegners (!) bestreiten zu müssen. Jedes Rechtsverfahren und zumal jeder Prozess erfordert viel Kraft und bringt vielleicht ein Urteil, aber keinen Frieden.

„All you need is law." So die schiefe Werbung einer Anwaltskanzlei in Anlehnung an den Beatles-Song „All you need is love". Natürlich gibt es auch rechtliche Möglichkeiten, sich gegen Mobbing zu wehren: Beschwerderecht, Unterlassungsanspruch, Geltendmachung eines Schadenersatzanspruches. Auch eine Abmahnung des Arbeitgebers durch den Arbeitnehmer ist denkbar und anerkannt. Im Kampf gegen Mobbing haben die Paragrafen meist jedoch eine begrenzte Reichweite. Verhindern lassen sich Schikanen damit nicht, allenfalls mindern oder lindern.

Unterstützung
Der Rechtsunkundige benötigt eine fachliche Beratung und Unterstützung. Die bekommt er kostenlos zunächst bei seinem Betriebsrat – sofern es einen solchen im Betrieb gibt. Ein Unternehmen muss jedenfalls eine Mobbing-Schulung von Betriebsratsmitgliedern gemäß § 37 Betriebsverfassungsgesetz (BertrVG) bewilligen. Das hat die Rechtsprechung schon seit langem anerkannt [145]. Der Betriebsrat kann gemäß § 104 BetrVG sogar die Versetzung oder Entlassung des mobbenden Arbeitnehmers verlangen.

Rechtsrat bekommen Betroffene auch von ihrer Gewerkschaft, sofern sie Mitglied sind, ansonsten von verschiedenen Beratungsstellen und freien Beratern.

Die Beauftragung eines Anwaltes wird jedoch oft von der anderen Seite als Verschärfung des Streites angesehen, was man gerade vermeiden will oder wozu dem einem oder der anderen die Rechtsschutzversicherung fehlt. Bei einer Arbeitgeberkündigung führt allerdings meist kein Weg an einem Anwalt, besser: an einem Fachanwalt für Arbeitsrecht, vorbei.

Im noch ungekündigten Arbeitsverhältnis würde jedoch der Konflikt zu sehr auf die rechtlichen Aspekte reduziert. Ein Anwalt ist nämlich von seiner Berufslogik her zuallererst ein Interessenvertreter für den, der ihn eingeschaltet hat, eine Allparteilichkeit ist ihm meist fremd. *„Das Recht polarisiert und macht den Konflikt oft zum Nullsummenspiel: Was der eine bekommt, muss der andere bezahlen. Der Gewinn des einen beinhaltet den Verlust des anderen."* So G. Hösl. Außerdem bedeutet die Anwendung allein rechtlicher Regeln häufig nur den Versuch, die Vergangenheit aufzuarbeiten. Die Gestaltung der Zukunft wird versäumt mit der Folge, ja der Gefahr, dass die Beziehungsebene zu kurz kommt und man sich feind bleibt.

Eine Mediation kann demgegenüber sehr viel kreativer sein – sowohl hinsichtlich einer Verbesserung der Zusammenarbeit wie auch hinsichtlich eines geordneten Auseinandergehens (siehe Kapitel 17).

Zunächst einmal kann es schon eine Hilfe sein, Stellenbeschreibungen zu erarbeiten bzw. sie zu überarbeiten. Wo noch nicht erfolgt, sollten zielorientierte Mitarbeitergespräche bzw. Jahresgespräche eingeführt werden, möglichst zusammen mit einem Leitbild zum Umgang miteinander und zu Kunden sowie Maßnahmen des Beschwerdemanagements. Einige Organisationen haben schriftliche „Hinweise in Fällen von konflikthaften Dienstbeendigungen" erarbeitet. In manchen Unternehmen ist bereits eine „Anti-Mobbing-Dienstverein-barung" abgeschlossen worden, etwa bei der Stadtverwaltung München. Gutes Material darüber gibt es beim DGB oder bei der Ärztekammer Nordrhein mit Sitz in Düsseldorf. Die Volkswagen AG Wolfsburg hat bereits im Jahr 1996 das Papier „Partnerschaftliches Verhalten am Arbeitsplatz" verabschiedet. (Im Internet findet man aber auch sehr kritische Stimmen zu VW.) Eine brauchbare Dienstanweisung des Finanzministeriums Baden-Württemberg ist zu finden unter www.dstg-bw.de/dateien/dvmo.pdf. Zum Ganzen: Axel Esser/Martin Wolmerath: Mobbing [146].

Mobbing-Fall 28:

Obzwar wir sonst es gar nicht schätzen,
wenn andre uns heruntersetzen,
so sind wir doch dem Arzte gut,
der solches mit dem Blutdruck tut.
Eugen Roth [147]

Eine 40-jährige alleinerziehende Frau hatte sich als Assistentin der Geschäftsleitung in einer kleinen Firma beworben und wurde angestellt. Bald merkte sie, dass sie einen cholerischen Chef hat, der immer wieder schreit und rumbrüllt. Einmal warf er mit einem Schlüsselbund nach ihr, der ihren Kopf nur knapp verfehlte, und rief „Ich hasse Sie!" Das andere Mal griff er sie am Arm und nötigte sie zur Tür hinaus. Die Vergütung des vergangenen Monats blieb aus, so dass sie wegen Geldmangels über die Rechtsantragstelle Zahlungsklage beim Arbeitsgericht erheben musste – alles noch in der Probezeit.

Impulse:
Hier zeigt sich die immer wieder kritisierte Ellenbogen-Mentalität vieler Menschen. Dazu sei eine kleine Episode eingeflochten: Bei einer Geburtstagsfeier stehen während des Imbisses mehrere Gratulanten

um den Jubilar. Da drängelt sich ein Mann dazwischen, um den Jubilar anzusprechen, merkt aber nicht, dass sein Ellenbogen in einem Teller mit Suppe gelandet war, den ein Weggedrängter in der Hand hielt. „Glaub doch nicht," erzählte der mir später, „dass ich meinen Teller auch nur einen Zentimeter heruntrbewegt habe!"...
Dazu Eugen Roth, natürlich gereimt [148]:

Gefühl kann ganz verschieden sitzen:
Der hat es in den Fingerspitzen,
bei jenem aber ist's verzogen
hinauf bis an den Ellenbogen.
Es ist zwar dann nicht mehr ganz fein,
doch soll es sehr von Vorteil sein.

Die oben genannte Assistentin weiß auch ohne Beratung, dass sie aus dieser Firma fliehen muss – wie andere vor ihr. Versuchte Körperverletzung, Drohung, Nötigung – und Bluthochdruck. Soll sie eine Strafanzeige machen? Wahrscheinlich würde es ihr damit genauso wie im nächsten Fall ergehen.

Strafrecht

Mobbing-Fall 29:
Mit Hadern verliert jedermann außer Papiermacher und Advokaten.
Deutsches Sprichwort

Eine Frau schildert ihre Leiden in einem Betrieb. Sie habe schließlich Strafanzeige gestellt.

Impulse:
Ein Experte hat einmal geschätzt, dass 90 Prozent der Mobbing-Fälle auf dem Gerichtsweg nicht (befriedigend) zu klären seien. Das mag an einer unzureichenden Gesetzeslage liegen. So argumentieren manche, verweisen auf das Beispiel Frankreichs, wo bereits im Jahr 2001 Mobbing-Tatbestände ausdrücklich in Gesetzesnormen aufgenommen wurden und mit Freiheitsstrafe bis zu einem Jahr oder einer Geldstrafe bis 30.000 Euro bedroht sind, und wollen eine gesetzliche Konkretisierung auch in Deutschland erreichen.

Das Strafrecht kann meines Erachtens nur selten helfen, außer in Fällen von schwerer Beleidigung und Verleumdung sowie körperlicher und sexueller Gewalt. Das zeigt ein Zitat aus einem Einstellungsbescheid einer Staatsanwaltschaft aus dem Jahr 2008, den ich von diesem Mobbing-Opfer erhielt:

Das Ermittlungsverfahren wird ... eingestellt. Der Tatvorwurf der Körperverletzung, § 223 StGB, ist den Beschuldigten nicht mit einer zur Anklageerhebung hinreichenden Sicherheit nachzuweisen. Grundsätzlich kann auch das Aufbauen einer psychisch zermürbenden Atmosphäre der Feindseligkeit („Mobbing") als Tathandlung einer Körperverletzung in Betracht kommen, wenn durch die psychischen Belastungen auch körperliche Beeinträchtigungen hervorgerufen werden. Ausweislich des Attests vom... des die Anzeige-erstatterin behandelnden Psychiaters liegen diese Voraussetzungen vor. Allerdings stellt nicht jede Auseinandersetzung oder jede Meinungsverschiedenheit zwischen Kollegen, Mitarbeitern und / oder Vorgesetzten bereits eine Tathandlung im Sinne des § 223 StGB dar. Vielmehr ist es dem Zusammenarbeiten mit anderen Menschen immanent, dass sich Reibungen und Konflikte ergeben, ohne dass diese als Ausdruck des Ziels anzusehen sind, den anderen systematisch in seiner Wertigkeit zu verletzen...

Zu den Menschenrechten gehört auch das Recht auf Widerstand gegen Unterdrückung. Aber diese mit der Strafanzeige um Schutz gebetene Staatsanwaltschaft hat zwar grundsätzlich alle Tatbestandsmerkmale bejaht – und trotzdem das Verfahren eingestellt. Zu mühsam?

Dass eine strafgesetzliche Regelung (Abschreckungs-)Wirkung hat, zeigt die Polizei-Statistik zum Anti-Stalking-Gesetz (§ 238 StGB „Nachstellung").[149] Seit dessen Einführung im Jahr 2007 ist die Zahl der erfassten Fälle kontinuierlich gesunken, allerdings bei einer hohen Dunkelziffer. Ähnlich wie beim Mobbing sind 80 Prozent der Opfer Frauen.

Arbeitsrecht

Man kann Moral nicht in Gesetze fassen, aber Gesetze können das Verhalten regulieren. Gesetze können nicht das Herz verändern, aber sie können die Herzlosen in ihre Schranken weisen.
Martin Luther King

Im Arbeitsrecht erscheint die Situation - mittlerweile – besser, obwohl arbeitsrechtliche (Schutz-)Vorschriften in etwa 30 verschiedenen Gesetzen stehen und deshalb viele auf ein einheitliches Arbeitsgesetz-buch warten.

Zu wünschen wäre auch, dass die Rechtssprechung deutlichere Zeichen gegen Mobbing setzt! Denn Arbeitsrecht ist im Wesen Arbeitnehmerschutzrecht. Hier ein positives Beispiel:
Ein Arbeitnehmer darf sich weigern, weiter zu arbeiten, wenn er im Betrieb 'systematisch angefeindet' und durch Kollegen und/oder Vorgesetzten 'schikaniert und diskriminiert' wird. Das Gehalt muss in diesem Fall jedoch weitergezahlt werden. Der Arbeitgeber hat die Pflicht, seine Mitarbeiter auch vor Gesundheitsgefahren psychischer Art zu schützen. Notfalls muss er die Störer entlassen.
So urteilte das Landesarbeitsgericht Niedersachsen (Az.16a Sa 1391 99).

Gesetzliche Grundlage war zunächst das Beschäftigtenschutzgesetz mit der Zielsetzung: Schutz vor sexueller Belästigung. Es galt von 1994 bis 2006 und wurde vom Allgemeinen Gleichbehandlungsgesetz (AGG) mit sehr viel breiteren Schutzvorschriften abgelöst.
Nicht selten werden die Gerichte jedoch wegen der Beweislast daran gehindert, den Betroffenen zu schützen. Der Gemobbte hat meist eine Beweisnot, weil er keine Dokumente für sein Vorbringen vorlegen, keine Zeugen für die Vorfälle benennen kann. Das vielbeachtete Urteil des Landesarbeitsgerichts Thüringen vom 10.4.2001 (Az.: 5 Sa 403/00) meint dazu: Diese Beweisnot sei durch eine den Grundsätzen eines fairen und auf Waffengleichheit achtenden Verfahrens auszugleichen, wobei die im Zweifel erforderliche Anhörung einer Partei bei der gerichtlichen Überzeugungsbildung berücksichtigt werden müsse. Andere Arbeitsgerichte sind dieser Auffassung nicht gefolgt bzw. sind zurückhaltend, was Beweiserleichterungen oder gar eine Umkehr der Beweislast anbetrifft. Seit dem 25.10.2007 liegt ein erstes diesbezügliches Urteil des Bundesarbeitsgerichts vor (Az.: 8 AZR 593/06), allerdings nur einen Einzelfall betreffend. Mobbing-Betroffene tragen daher ein erhebliches Prozessrisiko!

Der Europäische Gerichtshof für Menschenrechte (EGMR) hat allerdings am 21.7.2011 entschieden: Die fristlose Kündigung einer Berliner Altenpflegerin Anfang 2005 und die Weigerung der deutschen Gerichte, diese Kündigung aufzuheben, verstoßen gegen das Recht auf Meinungsfreiheit, das in Artikel 10 der Europäischen Menschenrechtskonvention garantiert wird (Az.: 28274/08 - Whistleblower). Die Frau hatte, teilweise auch gemeinsam mit Kolleginnen, zuvor schon mehrfach intern auf erhebliche Mängel im Betrieb hingewiesen. Aber ihre Hinweise an die Geschäftsleitung hatten nicht zu einer Verbesserung der Situation geführt. Daraufhin stellte sie Strafanzeige, die ihr Arbeitgeber mit der Kündigung wegen Rufschädigung beantwortete. Der EGMR sprach der Frau neben einer Kostenerstattung in Höhe von 5.000 € auch einen Schadensersatz für den erlittenen immateriellen Schaden in Höhe von 10.000 € zu, was die Bundesrepublik Deutschland ihr zu zahlen hat. Sollte das EGMR-Urteil rechtskräftig werden, kann sie mit guter Aussicht auf Erfolg ein gerichtliches Restitutionsverfahren in Deutschland betreiben. Ob sie eine Entschuldigung ihres Arbeitgebers bekommt, ist allerdings fraglich.

Krankenkassen und Rentenversicherung
Nicht nur ein/e Betroffene/r berichtet, er/sie habe von der (Betriebs-) Krankenkasse die „Auskunft" erhalten: „Kündigen Sie, dann gibt es kein Mobbing mehr. Dann werden Sie wieder gesund." Nicht gesagt wurde, dass dann die Kasse aus ihrer Verpflichtung zur Zahlung von Krankengeld heraus wäre. Ich nenne das unverschämt! Zumal das Sozialgesetzbuch (SGB) die Krankenkassen zu einem gegenteiligen Verhalten verpflichtet: Wenn der behandelnde Arzt die Krankenkasse über die für die Patienten gesundheitsgefährdenden Arbeitsplatzbedingungen informiert, hat die Krankenkasse bei begründetem Verdacht auf eine berufsbedingte gesundheitliche Gefährdung nach § 20 Abs. 2 SGB V „dies unverzüglich den für den Arbeitsschutz zuständigen Stellen und dem Unfallversicherungs-träger mitzuteilen". Diese leiten Sanktionen in Form von Abmahnungen, Bußgeldern und Schadensersatzforderungen ein.

Etliche Juristen fordern sogar, dass Krankenkassen und Rentenversicherung eigene Schadensersatzansprüche wegen ihrer Krankengeldzahlungen und Kosten für Reha-Maßnahmen und Frühverrentungen gegen Unternehmen, in denen gemobbt wurde, geltend machen sollen. Ein Berater-Kollege forderte, dass Arbeitgeber einen finanziellen Beitrag, eine Abgabe leisten müssten für jeden Mitarbeiter, der aufgrund von Mobbing im Unternehmen in eine stationäre Rehabilitation gehen muss. Allerdings: In der Physik gilt zwar der Grundsatz von Ursache und Wirkung. Der lässt sich aber wegen der meist fehlenden Beweisbarkeit nicht auf die Ebene von Recht und Gesetz übertragen.

Staatlicher Arbeitsschutz und Berufsgenossenschaften
Bisher beschränkte sich die staatliche (Gewerbe-)Aufsicht in der Regel auf reines Beratungshandeln. Man erkannte aber, dass eine Prävention von gesundheitlichen Risiken (siehe dazu auch § 84 II SGB IX) nur dann den Zielen des Arbeitsschutzes umfassend entspricht, wenn auch die psychischen Belastungen am Arbeitsplatz beachtet werden, weil diese mit hoher Wahrscheinlichkeit zu gesundheitlichen Beeinträchtigungen führen. Man hat deshalb zum einen mit der speziellen Schulung der Aufsichtsbeamten begonnen und zum anderen psychische Belastungsfaktoren mit in das Formular „Gefährdungsbeurteilung" bzw. in Prüflisten aufgenommen, etwa Über- und Unterforderung, mangelhafte soziale Kontaktmöglichkeiten, ungünstiges Führungsverhalten, Häufung von Konflikten, Beschwerden und Unfällen, Fluktuation sowie Fehlhandlungen und namentlich Mobbing.[150] Allerdings heißt es in der Broschüre:

Mit Blick auf ihre begrenzte Wirksamkeit bieten die Arbeitsschutzbehörden in Fällen von eskalierten Konflikten und Mobbing-Situationen Informationsmaterialien an und verweisen an kompetente Ansprechpartner. (Es wird nicht gesagt, wer das sein könnte.) Sie selbst leisten keine Intervention zur Lösung derartiger Konflikte, sondern unterstützen betriebliche und überbetriebliche Mobbing-Prävention. Geprüft werden allerdings organisatorische und systematische Gegebenheiten im Betrieb, die Mobbing begünstigen können.

Die Berufsgenossenschaften haben Mobbing bisher nicht als (Ursache einer) Berufskrankheit anerkannt. Sonst müssten sie als gesetzliche Unfallversicherungsträger Entschädigungen leisten. Ausnahme: Das Bayerische Landessozialgericht (LSG) hat einer Witwe Hinter-bliebenenleistungen zugesprochen[151]. Das Gericht hat in seiner Entscheidung nicht auf die Selbsttötung als Unfallereignis abgestellt, sondern auf die vorangegangenen (Mobbing-) Einwirkungen auf den Versicherten im Betrieb.

Die Berufsgenossenschaften haben verschiedenes gutes Informationsmaterial herausgegeben mit lokalen und regionalen Hilfsstellen und mit Literaturlisten. [152]

Opferentschädigung
Zum Opferentschädigungsgesetz hier der redaktionelle Leitsatz zu einem Urteil des Bundessozialgerichts aus dem Jahr 2001 [153]:
Mobbing-Aktivitäten können nur dann als auf den Körper des Opfers zielende Einwirkungen und damit als tätliche Angriffe anzusehen sein, wenn sie die Schwelle zum kriminellen Unrecht überschreiten und als Tätlichkeiten begangen werden. Es bleibt offen, ob ein Anspruch nach dem Opferentschädigungsgesetz begründet wird, wenn es zu einer Kette tätlicher Angriffe kommt, die nicht jeder für sich genommen, wohl aber in ihrer Gesamtwirkung allgemein geeignet sind, eine psychische Krankheit hervorzurufen.

Runder Tisch und/oder Mobbing-Ausschuss auf Bundesebene
Aufgrund der Missbrauchsfälle in Schulen und Heimen wurde ein hochrangig besetzter Runder Tisch bzw. Ausschuss zur Aufarbeitung und für Präventionsmaßnahmen gegründet. So etwas fehlt für das Phänomen Mobbing, obwohl es eine größere Anzahl von Opfern und einen weitaus größeren finanziellen Schaden betrieblich wie volkswirtschaftlich gibt. Ich meine, die Politik sollte sich dafür umgehend stark machen!

17. Mediation gegen Mobbing [154]

Schließe ohne Zögern Frieden mit deinem Gegner, solange du mit ihm noch auf dem Weg zum Gericht bist.
So lehrte Jesus in der Bergpredigt (Die Bibel, Matthäus 5,25).

„Solange"? Nein - bevor du zum Anwalt oder zum Gericht gehst! - Einmal habe ich an einem Tag mit beiden Seiten einzeln nacheinander ein Erstgespräch geführt. Genau an diesem Tag hatte jede Seite von der anderen ein anwaltliches Forderungsschreiben bekommen. Da kam ich als Mediator zu spät!
Außerdem: Nach dem Entwurf eines Mediationsgesetzes soll bereits die Klageschrift (hier: die Kündigungsschutzklage) einen Hinweis enthalten, ob eine Mediation versucht worden ist oder warum ein solcher Versuch unterlassen wurde. Außerdem sollen die Richter verstärkt Mediationen vorschlagen. Das Bundesverfassungsgericht hatte nämlich verdeutlicht: *Eine zunächst streitige Problemlage durch eine einverständliche Lösung zu bewältigen, ist auch in einem Rechtsstaat grundsätzlich vorzugswürdig gegenüber einer richterlichen Streitentscheidung.*[155]
Ein Grund dafür, dass eine Mediation meist nicht das geeignete Konfliktlösungsverfahren ist, liegt im Kündigungsschutzgesetz: Nach § 4 ist eine Drei-Wochenfrist zur Erhebung der Kündigungsschutzklage zwingend, d. h. ohne Ausnahme vorgeschrieben. Aber wenn eine Kündigung dem Arbeitnehmer zugegangen ist, dann ist das Kind ohnehin bereits in den Brunnen gefallen!
Es gibt keine Statistik in Deutschland über durchgeführte Mediationen. Man weiß nur, dass die Zahl – auch im Verhältnis zu anderen Staaten – noch gering ist, trotz § 15a des Einführungsgesetzes zur Zivilprozessordnung (EGZPO). Zu einer wesentlichen Entlastung der Gerichte haben Mediationen leider noch nicht geführt, obwohl dieser § 15a mit seinen in den meisten Bundesländern in Kraft gesetzten Schlichtungsgesetzen den Zwang beinhaltet, vor Anrufung des Amtsgerichtes in Zivilsachen den Versuch einer außergerichtlichen gütlichen Streitbeilegung zu unternehmen.[156] Bei Mobbing-Fällen spielt diese Bestimmung auch nur dann eine Rolle, wenn es um Ansprüche auf Widerruf, Schadensersatz oder Schmerzensgeld wegen Beleidigung und Ehrverletzung geht. Dann kann ein Antrag an die Schlichtungsstelle des zuständigen Amtsgerichts gestellt werden.

Mobbing-Fall 30:

*Eintracht hat eine geräumige Wohnung,
Zwietracht eine enge.*
Sprichwort aus Finnland

Eine 44-jährige Angestellte in einer kleinen Verwaltung, seit 25 Jahren dabei, wird von ihrer Kollegin, mit der sie das Büro teilt, gemobbt. „Seit eineinhalb Jahren gibt es Krieg zwischen uns." Fünfmal am Tag versprühe die Kollegin parfümiertes Raumspray, auf das ihr Körper allergisch, und zwar mit Atemnot, Übelkeit und Kopfschmerzen reagiere. Zudem schimpfe und schreie die Kollegin wegen jeder Kleinigkeit. Oft gebe es Streit wegen Zuständigkeiten. Sie habe immer wieder Durchfälle und sei deshalb erheblich abgemagert. Ihr Mobbing-Tagebuch ist, anonymisiert und gekürzt, im Anhang 1 wiedergegeben.
Zu diesem Beispiel gehört auch die nach einer durchgeführten Mediation aufgeschriebene Vereinbarung zur Vermeidung künftiger Konflikte, siehe Anhang 2. Diese Mobbing-Betroffene hat mir dazu mitgeteilt, dass diese Mediationsvereinbarung nur eine kurze Zeit geholfen habe, dann habe sich ihre Kollegin wieder genauso übel wie zuvor verhalten. Sowohl ihre Krankenkasse wie auch die zuständige Berufsgenossenschaft hätten sie auf ihre Nachfrage hin sprichwörtlich im (Sprüh-) Regen des immer wieder verwendeten Raumsprays stehen lassen. Ob ihr ein Hautarzt oder Allergologe helfen kann, sei derzeit offen. Sie hoffe auf eine Besserung in einer stationären Reha. – Deprimierend!

Impulse:
Möglicherweise ist der Mediator nicht genügend auf die Emotionen der beiden Frauen eingegangen und hat sie nicht befriedigend bearbeitet. Er habe zwar, so sagt sie, nach einer vereinbarten Zeit nachgehakt, ob die Mediationsvereinbarung eingehalten worden sei. Es sei auch ein Termin für eine Nachbesprechung mit dem Mediator anberaumt gewesen. Der Termin sei dann kurzfristig von den beiden zuständigen Chefs abgesagt worden, weil beide der Meinung waren, das Problem sei mit den Unterschriften in der Vereinbarung gelöst. Bei „Anfangsschwierigkeiten" beim Einhalten der Vereinbarung sollte dann ein Kollege vermitteln. Das habe dann so ausgesehen, dass die Betroffene den Kollegen über erneute Vorfälle informierte. Dieser schrieb dann zu

dem Thema eine erneute Anweisung und führte auch endlose Gespräche mit ihr und der Kollegin. Die Anweisungen seien weiterhin nicht beachtet worden. Sie habe schon eine ganze Sammlung von Anweisungen. Sie habe einem Chef auch schon schriftlich mitgeteilt, welche Punkte der Vereinbarung nicht eingehalten werden („fast alle"). Er habe versprochen, mit der Kollegin zu sprechen. Ob dies geschehen ist, wisse sie nicht. Da die Kollegin merke, dass ihr Verhalten letztendlich doch keine ernsthaften Konsequenzen hat, mache sie gerade so weiter.

Die geschilderten 30 Mobbingfälle habe ich daraufhin untersucht, ob sie für eine Mediation geeignet erscheinen. Im Ergebnis scheinen mir lediglich 14 Fälle geeignet (3,5,6,8,9,11,12,14,15,18,20,22,23,26). Warum?

Allgemein kann man sechs Ursachen für das Nichtzustandekommen einer Mediation benennen, und das sind zugleich Ursachen für Mobbing:

1. **Rahmenbedingungen:** unzureichende Arbeitsorganisation, schlechtes Betriebsklima, unklare Kompetenzregelungen

2. **Soziales System:** unglückliche soziale Zusammensetzung einer Arbeitsgruppe, Gruppendruck, Zuschreibung von Verantwortlichkeiten auf einzelne Sündenböcke

3. **Persönliches System:** unzureichende soziale Kompetenz, geringes moralisches Niveau

4. **Person des Mobbers:** Überforderung, Selbstwertprobleme, Ängste, soziopathische Persönlichkeit, Machtausübung

5. **Person des Mobbingbetroffenen:** wenig soziale Kompetenz, Probleme im Leistungsbereich, auffälliges äußeres Erscheinungsbild, Krankheit, soziopathische Persönlichkeit

6. **Beide Seiten.**

Ich habe es immer wieder erlebt, dass eine Mediation nicht zustande kommt, weil eine Seite sich stur stellt, etwa weil diese Person – mit einer Rechtsschutzversicherung im Rücken – unbedingt eine gerichtliche Klärung anstrebt. Es liegt also in der Regel nicht an der jeweiligen Problemlage, sondern an den Menschen. Ein Unwille, eine Sturheit kann allerdings verschiedene Ursachen haben: übertriebenes Machtgehabe, aber auch Persönlichkeitsstörungen etwa aufgrund einer nicht therapierten Sucht, schließlich ein Nichtwissen über die Möglichkeiten einer Mediation.

Gerd Hösl schreibt in seinem Mediationsbuch [157]:
Psychotherapiebedürftig ist jemand, der seine Liebes- und Arbeitsfähigkeit verloren hat, sich im Leben nicht mehr zurecht findet und selbst nicht imstande ist, die notwendigen Anpassungsschritte zu unternehmen. Mediation setzt (demgegenüber) voraus, dass die Selbstbelebungs-, die Selbstaktualisierungskräfte zur Konfliktbereinigung abrufbar sind.

Nicht geeignet für eine Mediation sind daher Fälle, in denen die Betroffenen unter einer bereits länger dauernden oder stärkeren psychischen Störung leiden, also bei denen eine Psychose, eine Schizophrenie, Neurose, Magersucht oder Hyperaktivitätsstörung oder auch dann, wenn eine Persönlichkeitsveränderung aufgrund von Drogen oder Alkohol vorliegt.
Anders bei einer Depression, wenn diese nicht erblich bedingt ist. Fast alle Mobbing-Opfer fühlen sich mehr oder weniger depressiv, niedergeschlagen, ohnmächtig. „Depression ist die Sehnsucht nach Zukunft." Sie ist aber von Selbstmitleid zu unterscheiden: Der Märtyrer bzw. ein Mensch, der sich so fühlt, schwelgt in Selbstmitleid. Er sieht sich ewig als Opfer und von der Welt verachtet. Oft verweigert er jede Hilfe und bleibt an seinem selbst gezimmerten Marterpfahl hängen [158]. Mit einem solchen Menschen würde jedenfalls eine Mediation sehr schwierig.

Eine besondere Herausforderung für einen Schlichter stellt eine Konstellation dar, in der „die Chemie nicht stimmt", also wenn „zwei wie Hund und Katze" sind. Die Redewendung „Wie Hund und Katze sein" beruht auf einem Verständigungsproblem: Hebt der Hund die Vorderpfote und wedelt mit dem Schwanz, so ist das seine Art, zum Spielen aufzufordern. Die Katze aber versteht diese Zeichen falsch. In der Katzensprache ist das nämlich eine Aufforderung, sich aus dem Staub zu machen, sonst setzt es Hiebe. Möchte dagegen die Katze spielen, so fängt sie an zu schnurren. Das klingt aber für den Hund wie ein Knurren und er versteht das als Drohung [159]. „Signaldiskrepanz" nennen das die Fachleute.

Missverständnisse sind ja ein häufiger Grund für Streit. Und was hilft? Zuerst einmal fragen! Nachfragen, was das bedeutet. Dann klärt sich vielleicht schon manches.

Einen ganz interessanten Ansatz zeigt der Österreicher Ed Watzke auf. In seinem Mediationsbuch [160] schreibt er, dass er manchmal nicht klassisch mit der ersten Mediationsphase anfange (die Parteien geben einen Überblick über den Konfliktstand), sondern dass er zunächst versuche, eine oder beide Seiten zu bewegen, ein Wort der Entschuldigung zu sagen. Wenn das gelinge, dann sei manchmal die Klärung der Sachprobleme fast nur noch ein Anhängsel...

Die so genannten Sachprobleme sind sicher manchmal gewichtig, etwa wenn es um zwei Konkurrenten um eine Beförderungsstelle geht, manchmal aber auch banal, etwa wer welchen Arbeitsplatz im Büro bekommt, ob es dort Blumen geben darf oder nicht, Radiomusik, ob überhaupt und wer das Senderwahlrecht hat, usw.. In Einzelfällen mag ein Rotationsprinzip Abhilfe schaffen.
Zum „Zankapfel" wurde ein auf dem Schrank aufgestellter Spiegel, über den eine Frau ihre Kollegin beobachten konnte, was direkt wegen der auf den Schreibtischen gestellten Monitore nicht möglich war. In der griechischen Sage vom Urteil des Paris soll der Zankapfel den Streit zwischen den Göttinnen Hera, Athene und Aphrodite um ihre Schönheit beilegen. Er reicht den als Preis für die Schönste bestimmten Apfel der Aphrodite.
„Zankäpfel sind wie Fallobst: Meistens ist der Wurm drin, und zwar schon länger!" meinte der Aphoristiker Gerhard Uhlenbruck. Der Autor Martin Gerhard Reisenberg setzte noch einen drauf: „Auf dem Komposthaufen sorgen auch Zankäpfel für die rechte Gärung."
Auf einem Plakat von Schweizer Obstbauern stand neben dem abgebildeten Apfel der Satz: „Gesundheit beginnt mit einem Apfel." In Anlehnung an den englischen Spruch „An apple a day keeps the doctor away". Auf das Plakat schrieb ein Berater einen Zusatz: „Krankheit beginnt mit einem Zankapfel."
Eine Frau berichtete mir, sie habe eine Erkrankung am Fuß bekommen und sei wegen der bisherigen Streitereien beinahe froh darum gewesen. Ihre Füße wollten sie nicht mehr zu ihrer Arbeitsstelle, also wieder in die Mobbing-Gefahr tragen.

Bei 44 Prozent der Betroffenen ist Krankheit eine der vielen Folgen von Mobbing, sagt die Statistik der Mobbing-Hotline, bei mehr als 20 Prozent eine Arbeitsunfähigkeit von länger als sechs Wochen, bei 7 Prozent gar eine Erwerbsunfähigkeit bzw. Frühverrentung. Ein Mobbing-Fall kostet durchschnittlich zwischen 30.000 und 50.000 Euro! Von den Selbsttötungen aufgrund von beruflichen Konflikten war bereits die Rede.

Nach einer weit verbreiteten Meinung werde Mobbing begangen, um einen missliebigen Mitarbeiter aus einer Organisation „herauszukicken", sei es, indem Eigenkündigungen provoziert werden, sei es, um eine Kündigung durch den Arbeitgeber „vorzubereiten". Die Umfrageergebnisse und die eigenen Berater-Erfahrungen sprechen eine andere Sprache: Als Mobbing-Folge wird nur in knapp 15 Prozent der Fälle eine Arbeitgeberkündigung genannt. Bei 22,5 Prozent gab es eine Eigenkündigung.
Gemobbt wird ganz überwiegend aus Neid, Eifersucht, Angst, Respektlosigkeit, Machtgier und leider auch aus reiner Bosheit. Unternehmen, die sich gesundschrumpfen wollen, mobben nicht, um Mitarbeiter loszuwerden, sondern kalkulieren einfach ein, dass sie Abfindungen zahlen müssen. Für das Aushandeln einer Beendigungsvereinbarung sollten die betroffenen Mitarbeiter übrigens unbedingt eine dritte Person mit hinzuziehen. Das kann, muss aber nicht ein Rechtsanwalt sein. Wenn ein Mediator arbeitsrechtliche Erfahrungen hat, kann er unter Umständen ganz andere Instrumente als ein Anwalt einsetzen und so zu einer befriedigenderen Lösung kommen.
Wenn es also in der Regel nicht die Politik der Unternehmen ist, „überflüssige" Mitarbeiter wegzumobben, sondern Mobbing am Arbeitsplatz auf individuellen Konflikten beruht, dann gibt es Hoffnung, dass man Mobbing mit Mediation begegnen kann. Denn Mediation kann in Streitfällen am Arbeitsplatz. grundsätzlich gut helfen – wenn zum Beispiel jemand einem anderem ständig die Schuld in die Schuhe schiebt oder wenn Konkurrenzneid, Eifersucht oder Machthaberei um sich greifen. Wir Menschen sind oft gefangen in den eigenen Gedanken, verdrängen unsere Schattenseiten und können schlecht über unseren Tellerrand hinausschauen. Da ist es eine Hilfe, wenn ein neutraler Dritter kommt und zu den Streitparteien sagt: „Versucht mal, euch halbwegs aufeinander einzulassen, so dass jeder die Position des anderen versteht und

dessen Interessen zur Kenntnis nimmt. Dann kann es möglich werden, zu einer Einigung zu kommen!" Anwälte sind reine Interessenvertreter einer Seite. Mediatoren wollen, dass eine Lösung gefunden wird, mit der beide Seiten leben können. Dazu ist es wichtig, dass jede Seite gespiegelt bekommt, was sie beim Kontrahenten bisher angerichtet hat. Um über persönliche Verletzungen reden zu können, bedarf es nicht nur einer Aufhebung des hierarchischen Machtgefüges, sondern auch eines vertraulichen Rahmens. Bei einem öffentlichen Arbeitsgerichtsverfahren wäre das aber gerade nicht gegeben.

Mich verblüfft immer wieder die Naivität von Unternehmensleitungen (meist von kleineren, mittelständischen Betrieben), man könnte es auch Arroganz nennen, wahrscheinlich aus einer diffusen Angst heraus. In ihren technischen Kernbereichen etwa versuchen sie ja auch, sich Profis zu holen. Bei Betriebsklima-Problemen wären es Mobbing-Berater, Supervisoren, Mediatoren. Solche Fachleute können dann etwa auch mit dem Betriebsrat zusammenwirken bei der Erarbeitung eines Beschwerdemanagements, einer Anti-Mobbing-Betriebsvereinbarung usw.

Wenn es darum geht, Sachverhalte zu klären, wird man im Zusammenhang mit Mobbing gerne mit Verdächtigungen abgespeist. Es ist wichtig, dass der Mediator versucht, diese Mauer von Verdächtigungen ein Stück weit einzureißen. Dann erst kommt zum Vorschein, was wirklich der Hintergrund für den Konflikt ist. Professionelle Mediatoren haben Möglichkeiten, an den „wahren" Kern eines Konflikts heranzukommen - zum Beispiel über eine Metapher, eine Karikatur, eine Anekdote oder über andere Umwege. Es ist immer ein spannender Moment, zu erleben, wie Menschen sich öffnen.

Für die Klärung von Konflikten gibt es zwei unterschiedliche Lehrmeinungen. Die eine sagt, die Lösung muss von den beiden Seiten alleine erarbeitet werden. Ich vertrete die Meinung, dass ein Mediator auch fragend Hinweise zur Lösung anbieten darf, um die Kontrahenten auf Ideen zu bringen, die sie bisher nicht oder so nicht gesehen haben. Mediationen können also zu interessengerechten Ergebnissen führen, denn der Mediator analysiert, kommuniziert und erarbeitet zusammen mit beiden Parteien geeignete Lösungsvorschläge, „Win-Win-

Lösungen" und hilft bei der Abfassung einer streitschlichtenden und friedenstiftenden Vereinbarung. Das ist eine große Chance! Von einem Gericht bekommt man zwar möglicherweise ein Urteil, aber keinen Frieden. Und Geld, etwa für Lohnfortzahlung im Krankheitsfall, spart das Unternehmen auch.

18. Begleitete Mobbinggruppe und lokales Mobbing-Telefon

*Nicht so leicht mehr hochzukriegen
ist einer, den man totgeschwiegen.*
Eugen Roth [161]

Begleitete Mobbinggruppe
Seit März 2010 haben wir in Karlsruhe (wieder) eine begleitete Mobbing-Gruppe für Betroffene, die an jedem ersten Dienstag im Monat von 18 bis 20 Uhr stattfindet. Sie ist bewusst keine Selbsthilfegruppe, weil wir eine fachkundige Begleitung für erforderlich halten. Mindestens einer, möglichst zwei von uns drei Fachleuten moderieren den Abend (ehrenamtlich). Mit durchschnittlich vier bis sechs Teilnehmer/innen können wir in einem geschützten Rahmen über belastende Erfahrungen sprechen, soziale und emotionale Unterstützung von uns und von Menschen in ähnlicher Situation geben und bekommen, respektvoll Raum für innere Prozesse geben, Anregungen für neue Handlungsmöglichkeiten erhalten, lernen sich besser abzugrenzen, den Stress-Pegel zu verringern, Geist und Seele zu stärken – so die im Flyer genannten Ziele. Die örtlichen Zeitungen drucken die Termine aufgrund unserer Pressemitteilungen zeitnah ab.

Ein Einstieg in die Gruppe ist für neue Mobbing-Betroffene jederzeit möglich. Jede/r Teilnehmer/in erhält anfangs ein Blatt mit den Gesprächsregeln (keine Nachnamen, keine Firmennamen, Vertraulichkeit, ausreden lassen usw.). Eine gewisse Schwellenangst ist natürlich immer da, sie verfliegt jedoch meist nach einer Aufwärmphase. Wir versuchen bewusst, eine Atmosphäre zu schaffen, in der die Hemmschwelle, von sich zu reden, gering ist.

Manche kommen nur einmal, die Mehrzahl zwei- bis dreimal, manche öfter. Interessant ist insbesondere, dass sich die Betroffenen in unterschiedlichen Phasen des Mobbings befinden, so dass die, die sich in einem frühen Stadium befinden, sehen, was alles noch geschehen kann, sei es eine zumindest teilweise Klärung, sei es eine längere Krankheit, eine Reha, ein Arbeitsgerichtsprozess oder ein Wegbewerben. Oft stehen nach den zwei Stunden zwei, drei noch im Gang oder vor der

Tür zusammen und tauschen sich aus – während wir Berater mehr oder weniger kritisch die Gesprächsrunde Revue passieren lassen. In besonderen Fällen hat es ein Einzelgespräch oder ein späteres Telefonat von einem Teilnehmer mit einem der Berater gegeben.

Eine Kostenbeteiligung der Teilnehmer/innen für Raummiete und Getränke in Höhe von fünf Euro pro Abend ist erwünscht und wird auch gegeben.

Nicht selten fallen drastische Worte: So sagte ein 58-jähriger Teilnehmer: „Wenn ich so weiter mache wie bisher, kann ich wählen zwischen Friedhof und Irrenanstalt." Eine jüngere Frau: „Ich glaub', ich krieg 'ne Vollmeise." Eine ältere Frau: „Meine Kollegin betreibt Mastdarm-Akrobatik." - „Was ist denn das?" - „Ich wollte das Wort Arschkriecherei vermeiden." Und: „Mein Chef ist bossi." Er (der Abteilungsleiter) mache Bossing gegen sie und andere.

Einer berichtete von seinem Chef, der gönne sich nie Pausen und Urlaub, habe über einen Mitarbeiter geschimpft: „Die Drecksau, die hat sich krank schreiben lassen."
Eine Teilnehmerin erzählte von ihrem Traum, in dem sie ihre Beißschiene zerbissen und ausgespuckt habe – als könne oder wolle sie so ihre (Ver-)Spannungen los werden. Darauf antwortete die gegenüber sitzende Teilnehmerin, sie habe auch eine Beißschiene und die habe sie tatsächlich durchgebissen! – Ein gutes Beispiel für den Wert des Gespräches in der Gruppe: Durch die Offenheit des einen Teilnehmers wagt es ein anderer, auch etwas von sich zu erzählen, was er sonst vielleicht noch niemandem (außer dem Zahnarzt) mitgeteilt hatte.

Einmal hatte ich den Sinn eines Mobbing-Tagebuches erklärt und fragte dann die neben mir sitzende Teilnehmerin, ob sie auch schon etwas geschrieben habe. „Ja", sagte sie. „Und was?" – „Gedichte." – Sehr schön! Vielleicht können Sie beim nächsten Mal eines mitbringen und vorlesen." Für sie ist also das Aufschreiben von Erfahrungen eine Art „Poesie-Therapie" – unabhängig und kostengünstig: Sie hilft zur Konzentration, zur Abstrahierung und Distanzierung, also dazu, sich wieder als Subjekt zu fühlen, als lebendigen Menschen mit selbstständigen Impulsen und reichem Innenleben, mit Geheimnis und Würde [162].

Lokales Mobbing-Telefon Karlsruhe

Nach dem Konzept von Mannheim und anderen Städten haben wir ein Mobbing-Telefon für die Region Karlsruhe gegründet, aber mit einem Anrufbeantworter, der binnen 24 Stunden abgefragt und bearbeitet wird.

In unserer Pressemitteilung hieß es:
„Am Donnerstag, 18.11.2010 findet von 14 bis 17 Uhr unter dem Motto „Betriebliche Konfliktkultur – Prävention und Hilfen" im Karlsruher Gewerkschaftshaus die Auftaktveranstaltung für das Mobbing-Telefon Karlsruhe statt. Mit diesem regionalen Telefon für Mobbing-Betroffene soll das bisherige Netzwerk erweitert werden. Dieses Mobbinghilfe-Netzwerk besteht bisher aus der Beratungsstelle im DGB, aus Seelsorge, freiberuflichen Beratern und Mediatoren sowie aus der Begleiteten Mobbing-Gruppe Karlsruhe ergänzt durch die Mobbing-Hotline Baden-Württemberg. Das Mobbing-Telefon wird organisatorisch und finanziell vom evangelischen Kirchlichen Dienst in der Arbeitswelt KDA, der Katholischen Arbeitnehmerseelsorge und dem Deutschen Gewerkschaftsbund DGB getragen. Bei der Auftaktveranstaltung soll dieses Netzwerk den regionalen Multiplikatoren durch zwei Impulsreferate vorgestellt werden. Die Referenten werden das leidvolle Phänomen Mobbing erläutern und Hinweise für Präventions- und Hilfemöglichkeiten geben. Eingeladen sind Vertreter der Arbeitgeber und der Arbeitnehmerseite, von Beratungsstellen, Krankenkassen, der Agentur für Arbeit sowie Ärzte, Anwälte und sonstige Fachleute."

Die Veranstaltung war gut besucht. Die Zeitung hat anschließend darüber berichtet. Wir werden die Erfahrungen auswerten und kommunizieren.

19. Versöhnung

Neben der biologischen Grundlage zur Aggression hat der Mensch auch die zur Versöhnung.
Heinz Leymann

Leymann schrieb 1993, dass in der wissenschaftlichen Literatur über das Versöhnungsverhalten von Menschenaffen mehr zu lesen sei als über das von Menschen. Es gebe lediglich Beobachtungen von Kindern. Wie machen das die Kinder? Ein Kind schaut das andere an und lächelt, es berührt den Arm, hält die Hand hin, spricht eine Entschuldigung aus, schlägt ein Spiel vor, bietet ein Spielzeug als Leihgabe an oder macht ein kleines Geschenk. Verzeihung ist zwar ein großes Wort. Man muss aber „nur" eine kleine innere Hürde überwinden, und kann so eine menschliche Brücke bauen.

Die Friedensforschung ist heute auch hinsichtlich der Konfliktbeilegung am Arbeitsplatz weiter, etwa durch die Erfahrungen mit dem Täter-Opfer-Ausgleich nach einem Strafverfahren:
Dafür muss das Opfer seine Angst überwinden, der Täter seine Scham. Das ist für beide Seiten nicht leicht. Aber mit Hilfe eines kompetenten Dritten, der das Gespräch moderiert, kann es gelingen, dass sich der Täter entschuldigt, dass das Opfer die Tat besser verarbeiten kann, erklärt, dass es keinen Groll mehr gegen den Täter hat, verzeiht, vielleicht sogar vergibt, dass die beiden den Streit beilegen, einen Friedensvertrag mit einem Schadensausgleich des Täters schließen, sich versöhnen. Und das hilft letztlich beiden.

Wie ein offnes Tor in einer Mauer, für die Sonne aufgemacht,
wie ein Regen in der Wüste, frischer Tau auf dürrem Land,
wie ein Schlüssel im Gefängnis, wie in Seenot „Land in Sicht",
wie ein Weg aus der Bedrängnis, wie ein strahlendes Gesicht:
So ist Versöhnung. So muss der wahre Friede sein.
Lied-Text (Auszug) von Jürgen Werth, 1998

20. Nachwort

Mein zweiter Vorname „Siegfried" hatte für mich nie eine Bedeutung. Vor einiger Zeit brachte mich aber ein Dozent ins Nachdenken. Es war der Rufname meines Vaters, den er, zu Beginn des 1. Weltkrieges 1914 geboren, von seinen Eltern bekommen hatte mit der hoffnungsvollen, aber getrogenen Bedeutung: durch einen schnellen Sieg zum Frieden zu kommen. Durch die Mediationsausbildung ist mir dann wichtig geworden, dass es gilt, durch eine manchmal mühsame Vermittlung zu einer Winwin-Lösung zu gelangen, die für keine Seite einen Sieg bedeutet, aber mit der beide Seiten zumindest zufrieden sind.

Ich bin sehr dankbar für die weit über 200 Menschen, die sich mir am Mobbing-Telefon und in der persönlichen Beratung anvertraut haben, für die Menschen, die sich in der Mobbinggruppe geöffnet haben und für diejenigen, die mir etwa in den Diskussionen nach meinen Anti-Mobbing-Vorträgen wertvolle Impulse gegeben haben.

Vielen Dank auch meinem Kollegen Horst Jürgen Jehle, der mich mit Rat und Tat begleitet.

Zu danken habe ich Herrn Dr. Krause, Chefarzt des Harz-Klinikums Blankenburg, Klinik für Psychiatrie und Psychotherapie mit Tagesklinik, der mir vertrauensvoll sein gesammeltes, nicht personenbezogenes Material zur Verfügung gestellt hat. Auch diese Klinik hat sich über ihren Chefarzt auf die Behandlung und Rehabilitierung von Mobbing-Betroffenen spezialisiert.

Mein besonderer Dank gilt Frau Sunnus, die sich meines Manuskriptes nicht nur als Lektorin, sondern auch als Mobbing-Fachfrau angenommen hat. Und ohne den überaus wohlwollenden und freundlichen Verleger Herr Dr. Martin wäre dieses Buch zumindest nicht so zügig realisiert worden.

Das Sachliche und das Persönliche konnte und wollte ich in diesem Buch nicht voneinander trennen. Beim Niederschreiben der Berichte von Opfern sind oft auch meine eigenen Vorlieben und Abneigungen, Erinnerungen und Erfahrungen eingeflossen.

Mit Worten von Janusz Korczak [163] drücke ich zum Schluss meinen Wunsch aus:
„Ein jeder sollte im Unglück Menschen finden, die ihm zugetan sind!"

Anhang 1: Beispiel eines Mobbing-Tagebuches
(Im Original mit den zusätzlichen Spalte: Mein Befinden, Zeugen, Folgen)

C.: Konflikte mit Frau B.

Datum:	Uhrzeit:	Vorfall:
Juli 2009, freitags		Die „Anmeldung für beschränkt Steuer-pflichtige" ging per Post ein. Frau B. gab sie nicht wie eigentlich vorgesehen mir, sondern legte sie Herrn O. auf den Platz zur Unter-schrift. Zufällig sah ich die Anmeldung dort liegen. Die Überweisung des zu zahlenden Betrags fehlte jedoch. Ich füllte die erforderliche Überweisung an das Finanzamt aus. Wäre es bei Nichtzahlung zu einer Mahnung gekommen, wäre nicht mehr nachzuvoll-ziehen gewesen, warum keine Überweisung getätigt wurde. Dann wäre ich verantwortlich gewesen, da ja dies mein Tätigkeitsbereich ist.
Juli 2009	nach-mittags	Frau B. deckte den Tisch für eine Besprechung ein. Da an diesem Tag schon etliche Gläser benutzt wurden, waren nur noch Gläser aus dem hinteren Teil des Regals in der Küche vorhanden. Sie ent-deckte dabei zwei fleckige Gläser. Diese wurden mir wutentbrannt auf den Tisch geknallt. Ich stellte die Gläser auf ihren Schreibtisch. Sie schrie mich an und behauptet, ich hätte die dreckigen Gläser ins Regal gestellt. Ich sagte ihr, dass die Gläser vermutlich schon sehr lange dort stehen und es wohl kaum mehr nachzuvollziehen wäre, wer die Spülmaschine damals ausgeräumt hätte und sicherlich derjenige die Flecken nicht gesehen hat. Daraufhin wurde ich mit Wasser angespritzt und lautstark beschimpft: „Sie sind ein Trampel. Sie sind doch nicht mehr ganz dicht da oben."

14.07.09		Urlaub Fr. B. Ich forderte für Herrn O. einen Vorstandsfahrer per Intranet an und wollte den Ausdruck der Anforderung im entsprechenden Ordner ablegen. Der Ordner, der üblicherweise auf dem Sideboard beim Faxgerät steht, war verschwunden. Nach einiger Suche fand ich den Ordner im Schrank hinter Fr. B.s Arbeitsplatz.
15.07.09	vormittags	Auf meine Frage, warum der Ordner, in dem Materialbestellungen, Fahreranforderungen etc. abgelegt werden, auf einmal nicht mehr an seinem angestammten Platz sei, wurde ich angeschrieen: „Das ist mein Ordner, ich mache zukünftig die Verrechnung der Leistungen, das ist jetzt Sekretariatsaufgabe und somit mein Bereich". Als ich erwiderte, dass die Bearbeitung der Leistungsverrechnungen bisher meine Aufgabe war und Änderungen der Arbeitsverteilung doch eigentlich Herr O. zu entscheiden hätte, brüllte sie mich an: „Das ist mir egal, ich mache das jetzt, Sie können Ihre Anlagen machen, alles andere übernehme ich ab jetzt." Auf meinen Einwurf hin, dass sie sich doch nicht einfach über die bisherige Regelung hinwegsetzen könne, schrie sie: Sie wäre hier Chefsekretärin. Im Übrigen wäre es ein Fehler von ihr gewesen, dass sie mich bei Gründung der neuen Gesellschaft als Kollegin gebilligt hätte. Wenn sie das nicht getan hätte, hätte ich gehen müssen. Ich müsste also froh sein.
	Etwas später	Frau B. beschuldigt mich in giftigem Ton, dass ich wohl während Ihres freien Tages an Ihrem PC gewesen sei. Ich antwortete, dass ich doch ihr Passwort gar nicht habe und sie sich gerne bei Herrn A. erkundigen könne, dass ich bei ihm (er besitzt das Passwort) nicht nach ihrem Passwort gefragt hätte.

		Früher Nachmittag	Frau B. ist nicht im Raum. Das Telefon läutet. Ich nehme das Telefon nach dem zweiten Klingeln ab. Bei dem Anrufer han delt es sich um Herrn Sch., der Herrn O. sprechen wollte. Als ich wieder aufgelegt habe, werde ich von Frau B., die inzwischen aus der Küche zurückkommt, in aufgebrachtem Ton angefahren: „So schnell brauchen Sie mein Telefon nicht abzunehmen."
		16.07.09	Ich bin zwei Tage krank.
15.07. - 17.07.09		9.05 Uhr	Herr R. rief bei Herrn A. an, der nicht am Platz war, so dass das Gespräch auf meiner Leitung ankam. Er sagte mir, dass er Herrn A. die Fax-Nr. von seinem Hotel durchgeben möchte und ich sie notieren solle. Zwischenzeitlich schreit Frau B. lautstark: „Das Gespräch ist für mich, stellen Sie es sofort rüber!" Ich hatte Schwierigkeiten, Herrn R. überhaupt noch zu verstehen. Als ich das Gespräch beendet hatte, schrie sie mich an, ich solle ihr sofort die Fax-Nr. übergeben, sie habe Unterlagen zu faxen. Ich sagte, dass ich ihr die Nr. gleich gebe, aber ich sie gerne noch für Herrn A. abschreiben möchte, da er die Nr. ja benötigt, um Anlagevorschläge für die W. durchzufaxen. Sie schrie, ich solle ihr die Nr. sofort übergeben, sie hätte eilige Sachen zu faxen. Ich meinte, dass ich für das Abschreiben der Nr. ja nur ein paar Sekunden benötige. Ich übergab ihr dann anschließend die Fax-Nr..
20.07. -		03.08.09	Mein Urlaub
07.08. -		21.08.09	Urlaub B.
02.09.09			Ich habe Frau B. informiert, dass Herr Al. heute um 16 Uhr kommt. Er wollte mit mir die

		unklaren Punkte der W.-Rechnung besprechen. Herr Al./W. sagte den Termin per E-Mail ab. Nachdem ich Fr. B. auch dies mitgeteilt hatte, schreit sie mich wutentbrannt an, warum ich überhaupt die Rechnung der W. bearbeite und was Herr Al. von mir wolle. Da die Konzernverrechnung seit bald 9 Jahren zu meinem Aufgabengebiet zählt und ich bisher selbstständig Unklarheiten in der Rechnungsstellung mit Frau W./B. auf schriftlichem Weg geklärt habe, habe ich mich per E-Mail wegen der fraglichen Posten der Rechnung an Fr. We. /W. gewandt. Sie leitete mein Mail an Herrn Al. weiter. Herr Al. teilte mir mit, dass er aufgrund der Vielzahl der unklaren Posten und der zukünftigen Handhabung der Rechungen gerne persönlich vorbeikommen möchte. Frau B. unterstellte mir laut schreiend, Herrn O. nicht von dem geplanten Besuch von Herrn Al. informiert zu haben. Dies hatte ich aber am Vortag getan.
03.09.09		Das Telefon läutet. Ich schaue auf das Display meines Telefons. Man kann erst nach dem zweiten Klingelton erkennen, wessen Telefon läutet. Frau B. wirft mir einen bösen Blick zu und lässt ein gehässiges „Och" ertönen. Wochen zuvor hatte sie mir schon einmal vorgeworfen, ich wäre neugierig und würde mich für ihre Privatgespräche interessieren und deshalb auf das Display meines Telefons schauen.
07.09.09	11.30 Uhr	Frau B. ist nicht am Platz. Der Postbote legt mir ein Schreiben, das persönlich an mich gerichtet ist auf den Tisch. Frau B. kommt inzwischen zur Tür rein und sieht den Umschlag auf meinem Platz liegen. Sie schreit mich an, ich hätte Post aus dem Postkorb entwendet.

08.09.09	9.30 Uhr	Ich habe mir den Ordner mit den Belegen für die W.-Abrechnung geholt, der inzwischen am Rand auf Frau B.s Schreibtisch liegt und nicht mehr im Schrank steht, um die Rechnung der W. zu bearbeiten. Frau B. ist nicht im Zimmer. Als sie wieder an ihren Platz kommt, schreit sie mich an, wie ich dazu käme einfach den Ordner zu nehmen. Ich sei doch das letzte Weib.
15.09.09	Spät-nach-mittag	Ich habe gesehen, dass der Wasserstandsanzeiger der Palme ganz unten war. Ich habe zwei Eimer Wasser geholt und die Palme gegossen. Danach schreit mich Frau B. an: „Solange ich hier bin, mache ich das!"
16.09.09	mittags	Herr O. ging außer Haus zu einem Termin. Ich fragte Frau B., wo der Termin stattfindet. Daraufhin gab sie mir keine Auskunft.
17.09.09	nach-mittags	Es werden nicht alle Termine in den Outlook-Terminkalender eingetragen. (z.B. das Mittagessen gestern, der Termin mit Herrn Ge. am 29.09.09, der Termin mit Herrn Gr.). Auf Nachfrage, warum manche Termine nicht im Kalender stehen, werde ich angefahren: „Das geht Sie nichts an!"
18.09.09	vormit-tags	Frau B. ist nicht im Zimmer. Ich bin dabei, einen Beleg (ausgeführte Reparatur, die ich veranlasst hatte) in dem dafür vorgesehenen Ordner abzulegen. Frau B. kommt ins Zimmer und fährt mich an, dass ich meinen Beleg extra gerade dann abgelegt habe, als sie nicht am Platz war.
30.09.09	nach-mittags	Ich benötigte den Terminkalender (Buch) zur Bearbeitung der Rechnung von W., um zu überprüfen, ob Fahrten in der Vergangenheit tatsächlich stattgefunden haben. Ich bat Frau B. um den Kalender, da sie ihn verwaltet. Ich wurde

		daraufhin angeschrieen: „Was wollen Sie mit dem Kalender?"
01.10.09	vormittags	Ich räumte Geschirr in den Schrank und die Schublade in der Küche ein. Versehentlich ließ ich wohl einen Spalt der Schublade offen stehen. Frau B. entdeckte dies und schrie mich an: „Sie lassen jetzt wohl die Schublade mit Absicht offen. Ich werde, wenn Sie im Urlaub sind, Ihr gesamtes Essen aus der Küche entsorgen. Da habe ich genug Zeit und kann es in Ruhe machen." Ich antwortete nicht.
	Spätnachmittag	Ich hatte den Ordner mit Belegen auf meinem Schreibtisch liegen, den ich für die Bearbeitung der W.-Abrechnung benötigte. Ich verließ den Raum für kurze Zeit. Als ich wiederkam war der Ordner von meinem Schreibtisch verschwunden. Ich war ca. noch eine halbe Stunde da, bevor ich nach Hause ging. Der Ordner wurde mir nicht wieder zurückgegeben. Ich verzichtete auf eine Nachfrage nach dem Verbleib des Ordners, um Geschrei und Beschimpfungen zu vermeiden. Ich werde morgen mit der Rechnungsbearbeitung fortfahren, vorausgesetzt der Ordner befindet sich wieder im Schrank.
02.10.09		Ich stellte fest, dass 4 Postausgangsmappen, die ich vor kurzem angefertigt hatte und für alle zugänglich im roten Korb links auf meinem Schreibtisch liegen hatte, verschwunden waren.
05.10.09 -	23.10.09	Mein Urlaub
26.10.09	morgens	Als ich heute Morgen in die Küche kam, war mein Müsli etc. nicht mehr im Regal, wo es seit Jahren steht. Frau B. erwähnte mit keinem Wort, wo sie die Sachen versteckt hat, noch warum

		sie dies während meiner Abwesenheit tat. Von Herrn A. erfuhr ich, dass sie meine Lebensmittel in den Materialschrank gestellt hat. Ich verzichtete darauf, Frau B. zur Rede zu stellen.
	mittags	Ich stellte fest, dass sämtliche Esslöffel und zwei Schüsseln (allgemeines Geschirr, das hauptsächlich von mir benutzt wird) verschwunden waren.
	nachmittags	Im Zimmer war es kalt (20 Grad). Laut Broschüre wird für Räume mit Klimaanlage eine Temperatur von 22 Grad empfohlen. Ich sagte Frau B., dass ich jetzt die Heizung höher stelle, da schrie sie mich an „Sie spinnen ja, Sie sind krank. Mir ist egal, wieviel Grad es hat. Setzen Sie sich doch in ein anderes Zimmer". Bereits im Jahr 2007 hatte ich Herrn O. über die Problematik mit der extrem niedrigen Zimmertemperatur berichtet, nachdem ich erfolglos versucht hatte, mit Frau B. sachlich einen Kompromiss zu finden. Herr O. riet mir, ein Thermometer zu kaufen (was ich auch tat), damit die empfohlene Raumtemperatur von 22 Grad neutral gemessen werden kann. Die Einhaltung dieser Temperatur wollte er auch mit Frau B. besprechen. Anfänglich hatte sich dann die Situation gebessert. Allerdings kam es zwi-schendurch trotzdem immer wieder zu Diskussionen, ähnlich den oben aufgeführten Vorfällen.
27.10.09	morgens	Das Thermometer zeigte 19,5 Grad. Ich fror und wollte die Heizung höher stellen. Ich sagte dies Frau B.. Daraufhin schrie sie mich an: „Sie lassen die Finger von der Heizung. Es wäre ja noch schöner, wenn ich mich ständig nach Ihnen richten müsste. Im Übrigen ist dies mein Zimmer." Sie stellte sich daraufhin vor den Hei-

		zungsregler. Ich stellte erst die Heizung höher, als sie den Raum verlassen hatte.
	nach-mittags	Frau B. wirft mir schreiend vor, fleckige Gläser aus der Spülmaschine auszuräumen und sie dann in unser Regal in der Küche zu stellen. Weder gestern noch heute habe ich die Spülmaschine ausgeräumt. Zuvor war ich 3 Wochen in Urlaub gewesen. Frau B. beschuldigt mich, zwei Notizen, die ich während ihres Urlaubs im Sommer 2008 geschrieben hatte, im falschen Ordner abgelegt zu haben. Ich lege aber grundsätzlich alle während ihres Urlaubs geschriebenen Notizen nicht ab, sondern ihr zur Kenntnis und zur Ablage auf den Schreibtisch. Dies sagte ich ihr auch. Daraufhin schrie sie, sie hätte die Notizen bestimmt nicht falsch abgelegt und so etwas Dummes wie mich habe sie noch nie in 'ihrem' Vorzimmer gehabt.
30.10.09		Urlaub B.
2.11.09	morgens	Es war kalt im Zimmer (19,7 Grad). Frau B. verließ den Raum. Ich drehte die Heizung höher. Ich bemerkte, dass die Temperatur seit Freitag wieder weit nach unten gedreht wurde. Als Frau B. wieder in den Raum kam, bemerkte sie, dass es etwas wärmer war. Sogleich wurde ich lautstark angeschrien, warum ich die Heizung in ihrer Abwesenheit einfach höher stellen würde. Ich versuchte ihr zu erklären, dass sie die Heizung ja auch in meiner Abwesenheit einfach runterschaltet und dass es mir eben kalt ist und ich nicht krank werden möchte. Außerdem würde ich doch gar nicht mehr als 22 Grad verlangen, wie empfohlen. (Ich könnte es durchaus 1-2 Grad wärmer vertragen.) Schreiend unterbrach sie mich, dass sie das nicht interessiert und sie

		mich nicht mehr ertragen könne. Ich solle endlich aus dem Zimmer verschwinden.
	mittags	Ich legte Kontoauszüge mit den dazugehörigen Belegen ab. Zufällig entdeckte ich in meiner Belegablage einen kopierten Gewerbesteuer-Bescheid unter einem Stapel Überweisungen. Lt. Bescheid bekommt die W. eine Erstattung. Außerdem wurden die Vorauszahlungsbeträge auf Null geändert. Hätte ich dies nicht zufällig entdeckt, hätte ich die Novembervorauszahlung, wie sie im letzten Bescheid gefordert wurde, an das Finanzamt überwiesen. Bisher habe ich den Bescheid sofort nach Eingang bearbeitet (z.B. Zahlungsanpassungen vornehmen), mir eine Kopie gemacht und das Original Herrn O. vorgelegt.
16.2.10		**Allseitige Unterzeichnung der Mediationsvereinbarung.** (*Siehe Anhang 2*)
23.02.10		Frau F./W. rief bei Frau B. an, die nicht im Zimmer war. Ich nahm den Anruf entgegen. Frau F. teilte mit, dass bei einer von Frau B. ausgefüllten Überweisung bei der Auftraggeber-Konto-Nr. eine Ziffer falsch ausgefüllt sei. Dies sei in letzter Zeit öfters vorgekommen. Ich gab dies Frau B. so weiter. Daraufhin wurde ich in cholerischer Weise angeschrien und mir vorgeworfen, was für „Fehler" ich schon im Laufe der Jahre gemacht hätte und dass ich mich deshalb zu schämen hätte und außerdem würden die da unten die richtige Konto-Nr. von der Firma ja wissen. Ich habe nach diesem Ausbruch dann das Zimmer verlassen.
24.02.10		Ich kam etwas verspätet von der Mittagspause. Frau B. brüllte und schrie mich wie von Sinnen

		an, dass ich pünktlich zu sein hätte und beschimpfte mich in cholerischer Art und Weise. Herrn A. informierte ich über den Grund der Verspätung.
25.02. -	13.03.10	Bin krank.
16.03.10	10.30 Uhr	Herr O. hatte an meinem Drucker Unterlagen ausgedruckt. Er verließ sein Zimmer. Ich legte ihm die Unterlagen aus meinem Drucker auf seinen Schreibtisch. Frau B. fuhr mich in barschem Ton an: „Ach, machen Sie das jetzt schon?" Als ich nicht antwortete, schrie sie: Dass Sie es wissen, das ist meine Aufgabe! Gucken Sie nach Ihren Zahlen!" Die Türe wurde heute wieder des Öfteren zugeschlagen.
17.03.10	vormittags	Herr P. kommt in den Raum und fragt, ob Herr O. in seinem Zimmer ist. Ich gab ihm Auskunft. Daraufhin fährt Frau B. mich an: „Zukünftig halten Sie Ihren Mund, ich rede mit Herrn P., das ist meine Aufgabe".
26.03.10		Beschimpfungen sind weiterhin an der Tagesordnung. Es fallen Sätze wie: „Mensch, ist die doof..." oder „So was Dummes wie die hab ich noch nicht erlebt."
19.05.10		Eingang S: Frau B. gibt die Rechnung nicht, wie in der Vereinbarung steht, weiter.
21.05.10	morgens	Frau B. beschimpfte mich, ich würde stinken, solle ein Deo benutzen und meine Kleider waschen.
10.06.10	morgens	Fr. B. schreit mich an, als ich mir eine Tasse vom allgemeinen Geschirr hole, weil meine eigene Tasse in der Spülmaschine ist: „Zukünf-

	nach-mittags	tig benutzen Sie Ihr eignes Geschirr, merken Sie sich das!" (Ich räume selbst-verständlich von mir benutztes Geschirr selber in die Spülmaschine und hole es auch wieder raus.) Türenknallen ist nach wie vor an der Tagesordnung. Als ich am Posteingang von Herrn O. stehe und eine dort liegende Einladung lese, kommt Frau B. angerannt und reißt die Einladung aus dem Postkorb und schreit: „Das geht Sie gar nichts an, merken Sie sich das!" Dies obwohl Herr A. ausdrücklich in allen Besprechungen darauf hingewiesen hat, dass Frau B. eigentlich nach Posteingang mir die gesamte Eingangspost zur Kenntnis geben sollte. (Siehe auch E-Mail von K. vom 17.02.2010: „Posteingang: Frau B., öffnen Sie bitte den Posteingang und geben diesen an Frau C. weiter, die dann ihren Teil behält und den Rest zurückgibt."
14.06.10	morgens	Herr O. ist noch nicht im Büro. Seine Zimmertür steht offen. Da es mir zieht, will ich die Türe zumachen. Wie eine Furie springt Frau B. auf, packt mich am Arm und schreit: „Die Tür bleibt offen, das ist mein Vorzimmer, merken Sie sich das!" Kurz darauf schreit sie mich an, ich sei ungepflegt.
8.7.10	13.25 Uhr	Ich komme von der Mittagpause und schalte wie immer das Licht über meinem PC an. Daraufhin schreit Frau B., das Licht bleibt aus. sie mache jetzt Mittag und müsse ihre Augen schonen". Sie springt auf und schaltet das Licht wieder aus. Als ich es wieder einschalte, da ich wieder arbeiten möchte, schreit sie mich

	morgens	an, dass wäre ihr Zimmer, ich solle mir das merken. Hinzukommen wieder persönliche Beschimpfung über private Kontakte. Des Weiteren beschimpft sie mich als dumm.
19.7.10		Heute hat Frau B. 3x meine Privatkanne von dem dafür vorgesehenen Platz im Regal (siehe Regelung) ohne mich zu fragen weggeräumt. Tage zuvor wurden bereits meine privaten Dosen mit Obst entfernt.
21.7.10	mittags	Ich stehe an der Spüle in der Küche. Plötzlich nähert sich Frau B. und stellt sich direkt neben mich und gießt eine Teetasse direkt in das Spülbecken, wo ich gerade meine Erdbeeren wasche.
30.07.10 -	13.08.10	Urlaub B. Zuständigkeiten werden nicht beachtetet. Folgende Vorgänge, die ich im entsprechenden Ordner zufällig entdeckte, wurden von Frau B. bearbeitet, obwohl sie in meine Zuständigkeit fallen: (*es sind fünf Vorgänge bezeichnet*). Weihnachtsadressen und die Adressen für den Buchversand anlässlich Verleihung des Ehren-senators wurden nicht im allgemein zugänglichen Laufwerk gespeichert.
1.9.10		Frau B. sprüht penetrant riechendes Raumspray. Ich muss das Zimmer verlassen, weil mir übel wird und die Duftstoffe Kopfschmerzen und Atemnot verursachen. Für mich bedeutet dies eine erhebliche Beeinträchtigung meiner Gesundheit. Auf meine Bitte, dies aus genannten Gründen zu unterlassen, reagiert sie nicht.

Anhang 2: Mediationsvereinbarung

Absprachen für den Umgang miteinander

- Generell stehen jeder Mitarbeiterin alle Arbeitsunterlagen, Belege usw. zur Verfügung. Werden Unterlagen aus einem anderen Zuständigkeitsgebiet benötigt, wird die zuständige Mitarbeiterin in geeigneter Weise informiert, dass die Unterlagen entnommen und auch dann wieder zurückgegeben wurden. Arbeitsunterlagen die sich auf dem Schreibtisch befinden sind aktuell in Benutzung. Bei Bedarf dieser Unterlagen gilt entsprechendes.

- Wir wollen auf sachlicher Ebene miteinander umgehen. Der Unterschiedlichkeit der Personen und ihren Bedürfnissen soll Rechnung getragen werden. Eigene Meinungen zu Glaubensfragen, politischen Gesinnungen, Ernährungsvorstellungen, Mode- oder Kos-metikfragen usw. sind jedem selbst überlassen und werden im täglichen Umgang miteinander respektiert und toleriert. Die gegenseitigen persönlichen Grenzen werden jedem zugestanden und sind zu wahren. Negative und unerwünschte Äußerungen sowie emotionale Handlungen (z.B. lautes Knallen von Schrank- und Zimmertüren oder lauter Tonfall) gehören nicht zu unserer täglichen Arbeit und unseren Umgangsformen, persönliche Angriffe sind zu unterlassen.

- Jede Mitarbeiterin ist an einem friedlichen, freundlichen und sachlichen Umgangston interessiert.

- Im Interesse unserer täglichen Arbeit ist ein themenübergreifender Informationsfluss zu gewährleisten. Jede Mitarbeiterin ist sich dieser besonderen Erfordernis bewusst und informiert die Kolleginnen über aktuelle Themen, insbesondere dann, wenn diese noch offen sind.

- Als Regelung für eingehende Telefonate gilt, dass diese von den Kolleginnen angenommen werden, wenn die jeweilige Mitarbeiterin nicht im Zimmer ist. Anschließend erfolgt eine Information an die Mitarbeiterin über Inhalt des Gesprächs bzw. weiteres Vorgehen

wie Rückruf usw. Befindet sich die angerufene Mitarbeiterin in der Teeküche, geht sie selbst an das Telefon.
Möchte eine Kollegin ebenfalls mit dem Anrufer sprechen, wird diese in geeigneter Weise (Handzeichen oder Zettel) darüber informiert.

Zuständigkeiten

- Generell ist jede Mitarbeiterin primär Ansprechpartnerin und verantwortlich für die ihr übertragenen Aufgaben. Werden Arbeitsablaufänderungen oder -modifikationen bei einem Themengebiet erkannt, wird dies mit der für dieses Thema zuständigen Mitarbeiterin besprochen, die dann den Vorschlag prüft und ggf. die Umsetzung veranlasst. Vorschläge zu Arbeitsabläufen oder Bearbeitungshinweise sind nicht als Vorwurf oder Kritikpunkt, sondern als Chance für eine Verbesserung unserer Arbeit zu sehen. Kritikpunkte werden sachlich und nicht emotionsgetrieben besprochen.

- Die den Mitarbeiterinnen zugeordneten Themen und Aufgaben sind als gleichwertig anzusehen. Personelle Über- oder Unterstellungen gibt es nicht. Die Personalverantwortung obliegt dem Vorstand. Frau C. und Frau B. arbeiten themenbezogen mit Herrn A. zusammen.

Sekretariatsarbeiten

- Frau C. führt den zentralen elektronischen Terminkalender. Die Termine des Vorstands werden zeitnah von der Vorstandssekretärin gepflegt und mit dem eigenen Terminplan des Vorstands synchronisiert; die Mitarbeiterinnen geben ihre Termine selbst in den zentralen elektronischen Kalender ein.

- Für die Küche und das Geschirr ist Frau C. verantwortlich.
  Die Mitarbeiterinnen kümmern sich um ihr eigenes Geschirr und ihre Lebensmittel. Es besteht eine Regelung wo die Mitarbeiterinnen ihr eigenes bzw. das von ihnen verwendete Geschirr und/oder Lebensmittel unterbringen können, ohne dass dies stört.

Raumtemperatur

- Das Vorzimmer beinhaltet die Arbeitsplätze von Frau C. und Frau B. Es gilt eine Raumtemperatur von 21,5 Grad Celsius (Thermometer auf dem Schreibtisch) als vereinbart. Eine davon abweichende Temperaturregulierung erfolgt jeweils in Abstimmung.

Urlaubsplanung

- Urlaubswünsche werden im Hinblick auf die bestehende Vertretungsregelung möglichst frühzeitig mit der Vertreterin/den Vertreterinnen abgestimmt und anschließend in die Urlaubsübersicht eingetragen.

D., den 16.12.2009

Unterschrift   *Unterschrift*
_____   _____
(Herr A.)   (Frau B.)

Unterschrift
_____
(Frau C.)

Anhang 3: Sprichwörter, Redensarten, Fabeln und eine Geschichte rund ums Mobbing

Die Beziehung von Organen und vegetativ-emotionalen Reaktionen ist sprachlich allgegenwärtig, nach Dr. med. August Bödecker (in: Der Allgemeinarzt 17/2003) und von mir ergänzt:

1. Sich den Kopf zerbrechen / den Kopf hängen lassen (Jesaja 58,5)
2. Da stellen sich einem die Nackenhaare auf / da stehen einem die Haare zu Berge (Hiob 4,15).
3. Jemandem die Stirn bieten.
4. Viel um die Ohren haben.
5. Etwas/Jemanden nicht mehr sehen/riechen können.
6. Die Nase voll haben.
7. Verbissen sein.
8. Mir hat´s die Stimme verschlagen.
9. Da bleibt einem die Luft weg.
10. Ich hab mein Kreuz zu tragen.
11. Das ist ja herzzerreißend.
12. Rückgrat zeigen.
13. Das liegt mir schwer im Magen.
14. Das geht einem an die Nieren.
15. Da läuft einem die Galle über.
16. Sich grün und blau ärgern.
17. Das geht einem unter die Haut.
18. Da kriegt man ja eine Gänsehaut.
19. Nicht zu Potte (Stuhle) kommen.
20. Weiche Knie bekommen.
21. Das ist zum Davonlaufen!
22. Ich glaube, dass die Krankheiten Schlüssel sind, die uns gewisse Tore (oder zumindest Fenster) öffnen können. André Gide (1869-1951), französischer Dichter

Unsere Sprache ist reich an „tierischen" Redensarten, die mit dem Phänomen Mobbing in Verbindung gebracht werden können:

1. *Das Hasenpanier ergreifen = flüchten, kündigen.*
2. *Sich in die Höhle des Löwen wagen.*
3. *Vor die Hunde gehen.*
4. *Das ist aber ein dicker Hund!*
5. *Vor dem muss man katzbuckeln.*
6. *Das geht auf keine Kuhhaut.*
7. *Ein Hühnchen mit jemandem rupfen.*
8. *Sie sind wie Hund und Katze.*
9. *Da ist der Wurm drin.*
10. *Der ist ein Wolf im Schafspelz.* Nach Matthäus 7,15
11. *Das ist eine Affenschande.*
    = Das ist eine offenkundige Unverschämtheit
    (plattdeutsch ´apen´ für offen).

Zitate aus der Bibel:

1. *Pharao gab den Antreibern der Leute und den Listenführern die Anweisung: Gebt den Leuten nicht mehr, wie bisher, Stroh zum Ziegelmachen! Sie sollen selber gehen und sich Stroh besorgen. Legt ihnen aber das gleiche Soll an Ziegeln auf, das sie bisher erfüllen mussten.*
   2. Mose 5,6-8
2. *Sechs Tage kannst du deine Arbeit verrichten, am siebten Tage aber sollst du ruhen, damit dein Rind und dein Esel ausruhen und der Sohn deiner Sklavin und der Fremde zu Atem kommen.* 2. Mose 23,12
3. *Du sollst dich nicht rächen!* 3. Mose 19,18
4. *Ich bin zum Spott der Leute geworden.* Psalm 22,7
5. *Und ob ich schon wandere im finsteren Tal, fürchte ich kein Unglück, denn Du, Gott, bist bei mir, dein Stecken und Stab trösten mich.*
   Psalm 23,4
6. *Zeige mir, Herr, deinen Weg, leite mich auf ebener Bahn trotz meiner Feinde!* Psalm 27,11
7. *Der Herr ist nahe denen, die zerbrochenen Herzens sind.* Psalm 34,19
8. *Sammle, Herr, meine Tränen in einem Krug, zeichne sie auf in deinem Buch!* Psalm 56,9
9. *Aller Bosheit wird das Maul gestopft werden.* Psalm 107,42

10. *Meine Seele zerfließt vor Kummer, sie klebt am Boden. Durch dein Wort, Herr, belebe mich und richte mich auf!* Psalm 119,25 u. 28
11. *Lass mich deine Rache über sie sehen!* Jeremia 11,20
12. *Da kann einem 'angst und bange werden'.* Hesekiel 30,16
13. *Spiel nicht in deinem Haus den Löwen, vor dem sich deine Knechte fürchten müssen!* Jesus Sirach 4,30
14. *Christus spricht: Wer zu mir kommt, den werde ich nicht hinaus stoßen.* Johannes 6,37
15. *Rächt euch nicht selber!* Paulus, Römer 12,19
16. *So leget nun ab alle Bosheit!* 1. Petrus 2,1
17. *Vergeltet nicht Böses mit Bösem noch Kränkung mit Kränkung!* 1. Petrus 3,9
18. *Wo Eifersucht und Ehrgeiz herrschen, da gibt es Unordnung und böse Taten jeder Art.* Jakobus 3,16

Redensarten über das Schikanieren, als es das Wort „Mobbing" noch nicht gab
(aus: Krüger-Lorenzen, Deutsche Redensarten und was dahinter steckt. Verlag Heyne, 3. Auflage 2001):

Von „Täterseite":

1. *Jemandem etwas anhängen* = Nachteiliges über ihn erzählen, ihn verleumden.
2. *Einem etwas am Zeug flicken* = ihm Vorwürfe machen.
3. *Einen auf den Arm nehmen* = ihn wie ein Kind behandeln, veralbern, sich lustig machen.
4. *Viel Aufhebens von etwas machen* = eine Sache wichtigtuerisch behandeln, viele Worte darum machen. Im Mittelalter ging dem Kampf von Schaufechtern das Aufheben der Waffen voraus; die lagen auf dem Boden, wurden gemessen und verglichen, ehe sie in theatralischer Weise aufgehoben wurden, um auf die Zuschauer besonderen Eindruck zu machen.
5. *Jemandem etwas (die Schuld) in die Schuhe schieben* = jemandem die Schuld zuschieben. Trick des Gaunervolkes, wenn ein Dieb in der Herberge aus Furcht erwischt zu werden den gestohlenen Gegenstand des Nachts einem anderen in die Schuhe schmuggelte, um

den Verdacht auf den Schlafgenossen zu lenken. Siehe 1. Mose 44: Joseph ließ seinem Bruder Benjamin seinen kostbaren silbernen Becher in den Sack legen, um ihn später des Diebstahls bezichtigen zu können.
6. *Jemandem Daumenschrauben aufsetzen* = ihm hart zusetzen, zu etwas zwingen. Die eisernen Daumenschrauben wurden bei den mittelalterlichen Kriminalprozessen den Angeschuldigten an das mittlere Gelenk des Daumens gelegt und festgezogen, um durch diese Folter ein Geständnis zu erpressen. Heute meint man einen Zwang, eine Erpressung mit besonders verwerflichen Mitteln.
7. *Einem Fallstricke legen* = ihm zu schaden versuchen, in eine Falle locken, zu einem Fehltritt verleiten. Fallstricke waren im früheren Jagdwesen Stricknetze, in dem sich etwa Vögel oder andere Jagdtiere verfingen.
8. *Ein schweres / grobes Geschütz auffahren* = jemandem massiv entgegentreten, eine Auseinandersetzung in derber Form führen.
9. *Einem den Hals stopfen* = jemandem zum Schweigen bringen.
10. *Jemanden hänseln* = verspotten. Kommt nicht von „Hans", sondern von „Hansa" = bewaffnete Schar. Anwärter für die Aufnahme in eine Kaufmannsgilde mussten sich allerlei drastischen Handlungen und Zeremonien unterziehen und anschließend auch noch die Zeche zahlen; das war (wie bei einer Taufe) eine symbolische Reinigung. Der Neuling sollte unschuldig und rein in die Bruderschaft aufgenommen werden.
11. *Jemanden in Harnisch bringen* = ihn zornig machen. Wer im Harnisch war, galt als gerüstet und bereit zum Waffengang. Entrüstet sein = zornig sein; kommt nicht von „Rüstung", sondern von „Rüste" = Ruhe; also aus der Ruhe gebracht; ähnlich wie entsetzt = aus dem Sitzen gebracht = aufgebracht.
12. *Einem heimleuchten* = ihm eine Abfuhr erteilen, ihm gründlich die Meinung sagen. Erst im Lauf der Jahrhunderte hat diese Redensart ihren ironischen Sinn bekommen. Ursprünglich war es eine friedlich-bürgerliche, höfliche Sitte. Als es noch keine Straßenbeleuchtung gab, wurde dem Besucher für den Heimweg ein Diener mit Laterne mitgegeben. Diese freundschaftliche Geste verwandelte sich mit der Zeit zu einem höhnischen Brauch.
13. *Er nimmt sich viel heraus* = er ist unverschämt, anmaßend, frech. Früher benutzte man zum Essen keine Gabeln, das Fleisch wurde

mit den Fingern aus der gemeinsamen Schüssel geholt. Da gab es dann immer welche, die sich durch dreistes Zulangen unbeliebt machten, indem sie sich mehr herausnahmen, als ihnen zustand.

14. *Jemandem die Hölle heiß machen* = ihn einschüchtern, ängstigen. Die Hölle so heiß schildern, dass der Angesprochene fromm und fügsam wird.
15. *Jemanden durch den Kakao ziehen* = über jemanden schlecht reden, ihn verspotten. Das Wort „Kakao" ist die Verhüllung eines derberen Ausdrucks (Scheiße ist auch braun). Ursprünglich von „einen durchhecheln" = durch die Hechel ziehen, einem kammartigen Werkzeug mit Drahtspitzen, durch dessen Zähne der Flachs hindurch gezogen wurde, um ihn zu säubern und so brauchbar zu machen.
16. *Er wird dich fallen lassen wie eine heiße Kartoffel.* Manchmal ist beim Schälen einer Pellkartoffel diese so heiß, dass man sie nicht mehr in der Hand halten kann und sie fallen lassen muss.
17. *Einen abblitzen lassen* = jemanden schroff abweisen. Bei den alten Gewehren blitze das Schießpulver auf der Gewehrpfanne häufig ab, ohne dass ein Schuss losging. Dieser Vorgang wurde zum Bild für eine unvermittelte Abfuhr.
18. *Eine abgekartete Sache* = eine arglistig vereinbarte Angelegenheit. Ursprünglich von „charta" = Urkunde = schriftlich getroffene Vereinbarung. Später: Kartenspieler machten vorher aus, einen Mitspieler reinzulegen und zu schröpfen.
19. *Jemanden an der Achillesferse treffen* = ihn an seiner schwächsten Stelle treffen und verletzen.
20. *Jemandem die kalte Schulter zeigen* = ihn keines Blickes würdigen. Ein Zeichen der Abweisung und Verachtung.
21. *Jemanden am langen/steifen Arm verhungern lassen* = unter Druck setzen, mit Gewalt ausschalten.
22. *Der (Vorgesetzte) fordert Kadavergehorsam* = blinder Gehorsam, Unterwürfigkeit. Die Wendung spielt auf Ignatius von Loyola an, den Gründer des Jesuitenordens, der seinen Ordensbrüdern befahl, sich von der göttlichen Vorsehung durch die Oberen führen zu lassen, „als wären sie ein Leichnam, der sich überall hintragen und auf jede Weise behandeln lässt".
23. *Jemanden kaltstellen* = seinen Einfluss schwächen, ihn lahm legen oder ganz ausschalten. Die Volkstümlichkeit dieses Wortes geht

auf Bismarck zurück, der 1858 seiner Schwester schrieb: „Sehr schön wäre es, wenn Ihr uns besuchen wolltet, ehe ich an der Newa kaltgestellt werde." Halb wörtlich (an dem kalten russischen Fluss), halb bildlich gemeint im Sinne von außerhalb des Berliner Machtzentrums.

24. *Jemanden über die Klinge springen lassen* = jemanden fallen lassen, ihn beseitigen. Die Redensart bedeutete früher nicht weniger, als dass der Kopf beim Schwerthieb über die Klinge springt.
25. *Einem den Laufpass geben* = ihn wegschicken, entlassen. Im 18. Jahrhundert bekamen die entlassenen Soldaten einen Laufpass/Laufzettel, der ihnen als Ausweis und Empfehlung bei der Suche nach Arbeit diente. Wenig später bekam der Ausdruck einen negativen, abschätzigen Sinn.
26. *Einem einen Knüppel zwischen die Beine werfen* = ihn zu Fall bringen.
27. *Jemanden madig machen* = eine Person schlecht machen. Die Wendung spielt auf Nahrungsmittel an, die ungenießbar geworden sind, weil sie von Maden befallen wurden. Ähnlich: *Da ist der Wurm drin*.
28. *Sein Mütchen an jemand kühlen* = seine Laune, seinen Zorn oder Übermut an einem auslassen. In der Bibel, in Jesus Sirach 10,6 heißt es: „Räche nicht deinem Nächsten alle Missetat und kühle dein Mütlein nicht, wenn du strafen sollst."
29. *Einen an den Pranger stellen* = jemanden bloßstellen, der öffentlichen Verachtung preisgeben. Der Pranger war im Mittelalter ein Pfahl, an den ein Verurteilter mit einem Halseisen angeklemmt wurde, um ihn zur Schau zu stellen. Und jeder Vorbeigehende konnte ihn bespucken.
30. *Der ist ein Wolf im Schafspelz* = ein Scheinheiliger, den man fürchten muss. Siehe Matthäus 7,15: „Seht euch vor den falschen Propheten, die in Schafskleidern zu euch kommen; inwendig aber sind sie reißende Wölfe."
31. *Den hab ich auf dem Kieker* = den beobachte ich genau durch den Kieker (Seemannssprache für Fernrohr), um ihn (besser) kritisieren zu können.

Aus „Opfersicht":
1. *Etwas ausbaden müssen* = für das Vergehen eines anderen büßen, die Suppe auslöffeln müssen. Früher war es üblich, dass mehrere Personen nacheinander das gleiche Bad benutzten. Der letzte hatte das schmutzige Badewasser auszugießen und das Bad zu säubern, es also auszubaden.
2. *Eins auf den Deckel kriegen* = gemaßregelt oder zurechtgewiesen werden. Deckel ist in der Sprache der Studenten, Soldaten, Handwerksburschen um 1800 die Mütze.
3. *Nach seiner Geige / Pfeife tanzen müssen* = machen müssen, was ein anderer will. Der Musiker gibt Takt und Tonart vor, nach denen getanzt werden muss.
4. *Die Haare stehen einem zu Berge* = Zeichen des Entsetzens. „Und da der Geist an mir vorüber ging, standen mir die Haare zu Berge." Hiob 4,15
5. *Eine hanebüchene Frechheit* = eine unverschämte Rücksichtslosigkeit. Von Hainbuche, deren Holz besonders druckfest ist und deshalb hart bearbeitet werden muss.
6. *Das Hasenpanier ergreifen* = flüchten, ausreißen. Der Hase richtet bei der Flucht seinen Schwanz in die Höhe wie ein Panier, wie eine (gut sichtbare) Fahne.
7. *Aus der Haut fahren* = wütend werden, die Fassung verlieren. Die Haut als äußere Hülle des Menschen wird gleichsam zu klein, wird gesprengt, so groß ist die Erregung.
8. *Sich in die Höhle des Löwen wagen* = seinen Mut zusammen nehmen und der Gefahr ins Auge sehen, z.B. ins Büro des unbeliebten Chefs gehen. Das Bild stammt aus der Fabel von Äsop vom Fuchs und dem Löwen: Der Löwe hat sich krank gestellt und den Fuchs in die Höhle gebeten, ihm zu helfen, in Wirklichkeit, dass er ihm leicht zur Beute falle. Der Fuchs wurde stutzig, als er sah, dass in die Höhle viele Tierspuren hinein führten, aber keine heraus.
9. *Sein Fett abbekommen* = eine Rüge, Schelte bekommen.
10. *Auf den Hund gekommen sein* = heruntergekommen, verkommen, scheitern. Nach altdeutschen Rechtsbräuchen wurden Verbrecher oft zwischen Hunden gehenkt. Ein adliger Missetäter musste zur Strafe öffentlich einen Hund tragen; damit war er „auf den Hund gekommen". Bergleute verbinden den Ausdruck mit ihrem Förderwagen, dem so genannten Hund. Wer nicht mehr vor der Kohle

arbeiten, sondern nur noch den Hund bedienen darf, erhält weniger Lohn, kommt also auf den Hund.
11. *Vor die Hunde gehen* = verkommen. Krankes und schwaches Wild wird leicht Beute der Jagdhunde. Ein Mensch, der keine Widerstandskraft mehr hat, fühlt sich als Opfer.
12. *Das ist aber ein dicker Hund* = das ist eine Sache, die erstaunt, überrascht, ja entsetzt.
13. *Das geht mir über die Hutschnur* = das geht zu weit, das ist zu arg. Die Hutschnur war nach einer Urkunde aus dem Jahr 1356 ein Maß für die Dicke des aus der Leitung fließenden Wasserstrahls. War der Strahl dicker als die Hutschnur, war man nicht sparsam und wurde bestraft.
14. *Da geht einem der Hut hoch* = erregt, ärgerlich werden. Der Hut geht hoch, wenn sich die Haare vor Zorn, Erregung oder Erschrecken sträuben.
15. *Unter aller Kanone* = unter aller Kritik, unter jedem Niveau. Das hat nichts mit einer Kanone zu tun, sondern mit Kanon, der Stufenleiter von fünf Zensuren in den früheren Lateinschulen. Fiel eine Klassenarbeit besonders schlecht aus, war sie „sub omni canoni", unter allem Kanon, was die Schüler scherzhaft mit „unter aller Kanone" übersetzten. Ein derberer Ausdruck ist „unter aller Sau".
16. *Vor dem muss man katzbuckeln* = sich bücken, ducken, Ergebenheit zumindest heucheln.
17. *Der hat mich aufs Korn genommen* = ins Visier genommen, seine Aufmerksamkeit auf mich gelenkt. Korn ist der Stift vorn am Gewehrlauf, die Kimme der dahinter liegende Einschnitt. Der Schütze hält sein Gewehr so, dass das Ziel über Kimme und Korn in einer geraden Linie zum Auge liegt. Wenn also einer einen aufs Korn genommen hat, so hat er es (in schädlicher Absicht) auf ihn abgesehen, hat ihn auf dem Kieker (plattdeutsch kieken = sehen).
18. *Es geht um Kopf und Kragen* = es geht ums Leben. Kragen ist der mittelhochdeutsche Ausdruck für Hals. Die Redensart spielt auf die Hinrichtung an. Ähnlich: Es geht ihm an den Kragen.
19. *Da platzt einem der Kragen* = da packt einen die Wut. Die Wut lässt die Halsadern anschwellen und erzeugt das Gefühl, der Kragen werde einem zu eng.
20. *Das geht auf keine Kuhhaut* das überschreitet die Grenze des Zumutbaren, das ist unbeschreiblich, unbegreiflich. Im Mittelalter wurden

Verbrecher auf einer Kuhhaut zur Richtstätte geschleift, Ehebrecherinnen in eine Kuhhaut eingenäht und im nächsten Fluss oder Teich ertränkt. Was auf keine Kuhhaut geht, erscheint schlimmer als übelster Rechtsbruch. Eine andere Erklärung: Früher schrieb man auf präparierten Tierhäuten. Dem Teufel wurde nachgesagt, dass er die Sünden der Menschen auf einer Kuhhaut aufzeichne, um dies dem Sterbenden als Rechnung zu präsentieren. Der Mensch, dessen Untaten so zahlreich waren, dass sie nicht mehr alle auf die Kuhhaut geschrieben werden konnten, musste ein besonders arger Sünder sein.

21. *Den Kürzeren ziehen* = verlieren, leer ausgehen. Der Ausdruck kommt von einem bereits bei Griechen, Römern und Juden bekannten Losspiel mit unterschiedlich langen Stäbchen, Streifen oder Halmen. Wer den kürzeren Halm zieht, hat verloren.

22. *Ich bin der Gelackmeierte* = der Betrogene. Ein Lackanstrich gibt einer minderwertigen Sache ein glänzendes Aussehen. Wenn der Lack ab ist, tritt die betrügerische Absicht zutage. Gelackmeiert sein ist eine scherzhafte Variante aus Berlin.

23. *Mit seinem Latein am Ende sein* = keinen Rat mehr wissen, nicht mehr weiter können. Ursprüngliche Anspielung auf den Lateinschüler, der mitten in seiner Rede stecken bleibt, weil ihm die notwendigen Vokabeln fehlen.

24. *Ich kann ein Lied davon singen* = kann von schlimmen Erfahrungen erzählen. Die Redensart geht auf alte Volkslieder mit meist traurigem Inhalt zurück.

25. *Manschetten haben* = Angst, Furcht, Respekt haben. Die Redensart stammt aus dem 18. Jahrhundert, als die Herren noch weiße, lang überfallende Spitzenmanschetten trugen, ständig in Angst, sich zu beschmutzen. Die Studenten verspotteten die vornehmen Jünglinge, weil die Manschettenmode den Gebrauch des Degens beeinträchtigte. So wurde die Manschette mit Angst gleichgesetzt.

26. *Das Wasser steht mir schon bis zum Hals* = der Unglückliche ist wegen einer Überschwemmung kurz vor dem Ertrinken.

27. *Es ihm oder ihr mit gleicher Münze heimzahlen wollen* = Vergeltung üben. Die schon im Mittelalter bekannte Redensart erklärt sich von der Vorstellung, jemanden so zu behandeln, wie er mich behandelt hat, nämlich schlecht.

28. *Sie will mich mundtot machen* = mich zum Schweigen bringen. Hier ist nicht der sprechende Mund gemeint, sondern die altdeutsche Munt = Macht, Gewalt, Vorläufer der Vormundschaft und des Betreuungsrechts. Ursprünglich also: jemanden entmachten.
29. *Einen Nagel zu meinem Sarg* = Ärger, Verdruss durch das schlechte Verhalten eines anderen, was mich meinem Ende näher bringt.
30. *Das geht mir an die Nieren* = trifft mich empfindlich. Im Mittelalter wurde die Niere als Sitz des Geschlechtstriebes angesehen. Dem Ehebrecher wurde als Strafe die Niere heraus geschnitten. Später galten die Nieren als Sitz der Seele, daher „jemanden auf Herz und Nieren prüfen", siehe Psalm 7,10.
31. *Jemandem Paroli bieten* = ihm Einhalt gebieten, ihm scharf entgegentreten. Paroli ist ein italienischer Ausdruck für ein Kartenglücksspiel, bei dem der Einsatz verdoppelt und in die Karte „ein Ohr" gekniffen wird.
32. *Sich wie gerädert fühlen* = sich elend, wie zerschlagen fühlen. Die Redewendung wurzelt in der mittelalterlichen Todesstrafe des Räderns. Vor dem Rädern wurden dem Verurteilten die Knochen gebrochen, damit er ans Rad gebunden und dann damit gedreht werden konnte.
33. *Seit der ans Ruder gekommen ist, geht´s uns schlecht.* Aus der Seemannssprache: das Steuer, die Leitung übernehmen.
34. *Die treibt mit mir Schindluder* = behandelt mich niederträchtig. Schindluder ist der Kadaver, der zum Schinder, also Abdecker gebracht wird, um dort geschunden, abgehäutet zu werden. Also jemanden wie ein Aas behandeln, dem die Haut abgezogen wird
35. *Mir schwant nichts Gutes* = ich ahne Unheilvolles. Im Volksglauben hatte der Schwan weissagende Kraft.
36. *Bei mir ist Sense* = ich hab´s satt, ich mach nicht mehr mit. Der Tod wurde früher als Schnitter und Sensenmann dargestellt.
37. *In die Bredullje kommen* = in arge Verlegenheit, in eine unangenehme Lage, in Bedrängnis kommen (französisch *bredouille* heißt Matsch).

Für beide Seiten:

1. *Einen mit Argusaugen beobachten* = ihn misstrauisch beobachten. In der griechischen Sage hatte der Riese Argos Panoptes überall am Körper hundert Augen (daher der Name) und wurde deshalb von der Göttin Hera zum Wächter bestellt.
2. *Auf gespanntem / schlechtem Fuß mit jemandem leben* = eine angespannte Beziehung zu einem anderen haben. Fuß hatte früher die Bedeutung von Maß / Grundlage (z.B. Zinsfuß).
3. *Einem nicht grün sein* = nicht gewogen, nicht wohl gesonnen sein. Grün ist die Farbe des frischen Wachstums in der Natur. Grün ist belebend und wohltuend. Wer einem nicht grün ist, will einem nicht wohl.
4. *Sich in den Haaren liegen* = Streit miteinander haben.
5. *Zankapfel.* In der griechischen Sage vom Urteil des Paris soll er den Streit zwischen den Göttinnen Hera, Athene und Aphrodite um ihre Schönheit beilegen. Er reicht den als Preis für die Schönste bestimmten Apfel der Aphrodite.
6. *Ein Hühnchen mit jemandem rupfen* = mit jemandem Streit austragen, ihn zur Rede stellen, ihm aufs Dach steigen. Rupfen hieß im Mittelalter soviel wie tadeln, schelten, Vorwürfe machen. Nach einer anderen Auslegung meinte die Redensart früher „Händel pflegen", also einen Streit austragen. Dieses „Händel" sei in Süddeutschland als „Händl" = Hähnchen verstanden worden. So wurde „Händel pflegen" in „Hühnchen rupfen" verfälscht.

Sonstige Sprichwörter und Zitate:

1. *Neid ist eine Krankheit; sie zerfrisst die Seele.* Jüdisches Sprichwort
2. *Wer auf Rache sinnt, hebt zwei Gräber aus.* Altes Sprichwort
3. *Steter Tropfen höhlt den Stein.* Sprichwort
4. *Der Krug geht so lange zum Wasser, bis er bricht.* Sprichwort
5. *Geben Sie dem Arbeiter das Recht auf Arbeit, solange er gesund ist; sichern Sie ihm Pflege, wenn er krank ist; sichern Sie ihm Versorgung, wenn er alt ist!* Otto von Bismarck am 9. Mai 1884 im Deutschen Reichstag
6. *Vertrauen ist eine zarte Pflanze; ist es einmal beschädigt, so kommt es so bald nicht wieder.* Otto von Bismarck

7. *Ehret das alte Sprichwort: Bete und arbeite! Die es zuerst brauchten, kannten die große Doppelaufgabe unseres Lebens.* Johann Heinrich Bernhard Dräseke (1774-1849). Ora et labora (bete und arbeite) ist eine Ordensregel, die Benedikt von Nursia (480-547) zugeschrieben wurde.
8. *Die Stärke der Kritik liegt in der Schwäche der Sache (oder in der Person), die kritisiert wird.* Henry Wadsworth Longfellow
9. *Es gilt, die unbegreiflichen Vorkommnisse, die abscheulichen Verbrechen, die dunklen Seiten der Kirche sowie die Dunkelheiten in uns in den Blick zu nehmen.* Der Vorsitzende der deutschen Bischofskonferenz, der Freiburger Erzbischof Robert Zollitsch, erklärte dies angesichts der Missbrauchsfälle zu Ostern 2010 laut BNN vom 6.4.2010.
10. *Während des Streites erhitzt sich die Einbildungskraft und man belügt sich selbst.* Fénélon, (1651-1715), französischer Erzbischof und Schriftsteller
11. *Kalt ist´s, sehr kalt in der Welt, und das macht das Wandern auf der Erde beschwerlich. Manchem drückt´ ich warm die Hand und mochte so gerne, dass sie mir wieder gedrückt würde, weil die Hände doch Menschenhände waren. Aber der Eigentümer der fremden Hand sagte: „Der freie Mann kennt heutzutage keinen Händedruck." Sapperlott, das war kalt!* Ernst Koch, Abends in einer Gartenlaube. Aus: Prinz Rosa-Stramin. N. G. Elwert'sche Verlagsbuchhandlung Marburg 1965. Seite 334 ff
12. *Du aber hüt´ den Dämon, der in der Brust dir gleißt,* (= brennt)*dass er nicht plötzlich ausbricht und dich selbst zerreißt!* Joseph von Eichendorff (1788-1857), Leitsatz über der Novelle „Das Marmorbild" (1819) *Das Wissen um die drohenden Abgründe schuf in Eichendorff ein Verantwortungsbewusstsein sich selbst und vor allem seinen Mitmenschen gegenüber."* Glaser/Lehmann/Lubos, Wege der deutschen Literatur. Ullstein Buch Nr. 323/324, Frankfurt/M. 1961
13. *Die Menschen hassen nie so sehr den, der Böses tut, noch das Böse selbst, wie den, der es beim Namen nennt.* Giacomo Leopardi, Werke, 1845, Gedanken. Übersetzung von Pozzoni
14. *Halte dich für zu gut, um Böses zu tun!* Matthias Claudius, An meinen Sohn Johannes. 1802

15. **Veränderung (1)**
Eines Tages kommt ein völlig erschöpfter Vater zum Rabbi: »Rebbe, was soll ich nur machen? Ich habe eine kleine Hütte, sie hat nur einen Raum, und ich habe sechs Kinder. Es ist so eng!" Der Rabbi fragt: „Hast du Hühner, hast du auch eine Ziege?" „Ja", antwortet der Mann. „Nimm die Tiere mit in deine Hütte und komm in drei Tagen wieder." Nach drei Tagen kommt der Mann und stöhnt: „Rebbe, ich halte das nicht mehr aus! Man kann sich nicht bewegen! Und wie die Ziege stinkt!" „Gut", sagt der Rabbi, „schmeiß die Tiere raus und komm morgen wieder." Am nächsten Tag fragt ihn der Rabbi: „Und, wie fühlst du dich jetzt in deinem Haus?" „Großartig", strahlt er, „so viel Platz - wie in einem Palast!"

Veränderung (2)
Ein furchtbarer Sturm kam auf. Das Meer tobte und meterhohe Wellen brachen sich ohrenbetäubend am Strand. Als das Unwetter nachließ und der Himmel aufklarte, lagen am Strand unzählige Seesterne, die die Wogen auf den Sand gespült hatten. Ein kleines Mädchen lief am Wasser entlang, nahm einen Seestern nach dem anderen in die Hand und warf ihn zurück ins Meer. Ein Spaziergänger sah das und sprach das Mädchen an: „Ach Kleine! Was du da machst ist vollkommen sinnlos. Siehst du nicht, dass der ganze Strand voll von Seesternen ist? Die kannst du niemals alle zurück ins Meer werfen! Was du da tust, ändert nicht das Geringste!" Das Mädchen schaute den Mann an. Dann nahm sie den nächsten Seestern und warf ihn in die Fluten. „Für ihn wird es etwas ändern!"

Veränderung (3)
So wie die Felsen nicht zerbrechen, wenn die Wellen an die Küste schlagen, sondern zu schönen Formen geschliffen werden, so kann Veränderung auch unseren Charakter formen und unsere harten Kanten rund polieren.
Sogyal Rinpoche (geb.1948), tibetischer Meditationsmeister

16. *Durstig stehn sie am Gewässer,*
Stehn und streiten wutentbrannt;
Trinkt sich's aus der Schale besser
Oder aus der hohlen Hand?
Emanuel Geibel, (1815 - 1884), deutscher Lyriker und Dramatiker

17. *Man kann nicht mit Kanonen schießen und dann so tun, als wären es harmlose Papierkügelchen.* Helga Schäferling, (*1957), deutsche Sozialpädagogin
18. *Es ist besser, dem Hund auszuweichen, statt sich von ihm beißen zu lassen. Auch wenn man den Hund tötet, heilt man damit nicht den Biss.* Abraham Lincoln
19. *Solange das Herz eines Menschen mit Zwietracht und Feindschaft erfüllt ist, kann man es mit aller Logik der Welt nicht bekehren. Scheltende Eltern, tyrannische Vorgesetzte und Ehemänner sowie nörgelnde Ehefrauen sollten sich merken, dass kein Mensch gerne seine Meinung ändert und dass man niemanden mit Gewalt zu einer Überzeugung zwingen kann. Möglicherweise kann man ihn aber mit Sanftmut und Freundlichkeit dazu bringen.* John D. Rockefeller
20. *Mit Widersprechen und Besserwissen kann man manchmal einen Menschen besiegen. Aber es bleibt ein leerer Sieg, denn gewinnen kann man ihn damit nie.* Benjamin Franklin
21. *Dieses war der erste Streich, doch der zweite folgt sogleich.* Wilhelm Busch, Max und Moritz
22. *Wacht darüber, dass eure Herzen nicht leer sind, wenn mit der Leere eurer Herzen gerechnet wird! Tut das Unnütze, singt Lieder, die man aus eurem Mund nicht erwartet! Seid unbequem, seid Sand, nicht das Öl im Getriebe der Welt.* Günther Eich
23. *Zwischen Männern wirkt der Groll anziehender zuweilen als die Liebe.* August Graf von Platen Hallermund (1796-1835), deutscher Dramatiker, Theaterschriftsteller und Lyriker
24. *Zanken und Hadern ist so, als wollt ein Mann in der Rage seinen Wagen zertrümmern, weil er im Schlamm stecken geblieben ist; besser die Kraft zum Herausziehen verwenden!* Prentice Mulford, (1834 - 1891), US-amerikanischer Journalist, Erzieher, Goldgräber und Warenhausbesitzer
25. *Nichts entehrt den Menschen so sehr als eine Rache.* Abraham y Santa Clara (1644-1709), Sämtliche Werke
26. *Das Problem: Bei der Abstimmung über den Mittelpunkt der Welt hat bisher die überwiegende Mehrheit den eigenen Bauchnabel gewählt. Ich meine, darüber müssten wir reden.* Eduard Kary, Worte sind Fenster und Türen
27. *Mögen die Menschen die auf die Seelen ausgeübte Tyrannei verabscheuen, so wie sie Abscheu vor dem Räuberunwesen haben, das gewaltsam die*

Früchte der Arbeit und des friedlichen Fleißes raubt! Voltaire (1694-1778), Gebet eines Philosophen
28. *Es kann der Frömmste nicht in Frieden bleiben, wenn es dem bösen Nachbar nicht gefällt.* Schiller, Wilhelm Tell
29. *Vorwürfe sind wie Brieftauben, sie kehren immer wieder in den eigenen Schlag zurück.* Dale Carnegie
30. *Verstecke sind unzählige, Rettung nur eine, aber Möglichkeiten der Rettung wieder so viele wie Verstecke.*
31. *Es gibt ein Ziel, aber keinen Weg; was wir Weg nennen, ist Zögern.* Franz Kafka
32. *Wenn der Mensch nichts Gutes in sich fühlt, verfällt er bisweilen darauf, mit seiner Schlechtigkeit aufzutrumpfen.* Maxim Gorki
33. *Nur wer gewalttätig ist, um zu zerstören, verdient Tadel, nicht wer es ist, um aufzubauen.* Machiavelli, Vom Staat. Ein solcher Satz aus dem Totalitarismus hat leider nur allzu oft als Rechtfertigung für schlechtes Handeln gedient und ist heute ethisch nicht mehr vertretbar.
34. *Um durch die Welt zu kommen, ist es zweckmäßig, einen großen Vorrat an Vorsicht und Nachsicht mitzunehmen: Durch erstere wird man vor Schaden und Verlust, durch letztere vor Streit und Händel geschützt.* Arthur Schopenhauer
35. *Das Herz hat Gründe, die der Kopf nicht kennt.* Blaise Pascal
Der Kopf will immer das Neue, das Herz will immer dasselbe. Weisheit
Das Schwierigste im Leben ist, Herz und Kopf dazu zu bringen, zusammen zu arbeiten. In meinem Fall verkehren sie noch nicht mal auf freundschaftlicher Basis. Woody Allan
36. *Ich glaube, dass die Krankheiten Schlüssel sind, die uns gewisse Tore öffnen können.* André Gide, französischer Dichter. Das gilt auch für Konflikte, die Schlüssel sein können, um neue Chancen zu eröffnen.
37. *Das gemeinsame Büro stiftet Bürofamilien. Wie langjährige Ehepartner, so teilen auch Bewohner des Büros mehr als Luft und Raum miteinander. Sie teilen Gefühle, Marotten, Wehmut, Glück und Langeweile. Sie kennen sich durch und durch - oder glauben es -, wie Eheleute, wie Eltern und Kinder. Es wird Lust und Unlust empfunden, der Partner wird belohnt und bestraft. Es entstehen Spannungen, Allergien, Hasslieben, die die Bewohner aneinanderketten... Der Personalführung ist das bekannt. Hier liegt die Quelle vieler Schwierigkeiten, mit denen sie fertig werden muss. Versetzungen, Bindungen, Verstärkungen – hysterische Aufbäumungen – Familiendramen.... Ja, wissen Sie denn nicht? Da oben herrscht doch*

ständig Krieg! Ein ständiger Kampf um Machtpositionen! Jeder will am Drücker sein! Die bekämpfen sich doch fortwährend bis aufs Messer, die Herren!... Es gibt 'Abschusslisten'. Es wird an gewissen 'Stühlen gesägt'. Es gibt 'Schleudersitze', und es gibt ein 'Glattes Parkett'.
Aus: Walter E. Richartz, Büroroman. Diogenes Verlag Zürich 1976, Seite 253, 84f

38. *Würdig leben würd' ich leben,*
    dürft' ich leben dürftig nur,
    tät' ich leben nur ein wenig,
    tätig dürft' ich leben stolz.
    Friedrich Kändler, WoWo (1991)

39. *Du wirst manchmal, wenn du nachdenkst, ratlos sein, besonders wenn du die Sünden der Menschen anschaust, und wirst dich fragen: 'Soll man es mit Gewalt versuchen oder in demütiger Liebe?'*
    Entscheide dich aber immer so: 'Mit demütiger Liebe will ich es versuchen!' Bist du dazu ein für allemal entschlossen, wirst du die ganze Welt besiegen können.
    Fjodor Dostojewski (1821-1881), russischer Schriftsteller

40. Und unsern kranken Nachbarn auch:
    „Lieber Matthias Claudius,
    deine Worte (gemeint sind z. B. die seines Abendliedes „Der Mond ist aufgegangen") *habe ich nie als frommes Getue abgetan, sondern immer ernst genommen... Und ich wollte, dass die Magnaten, die Könige von heute, in ihren Palästen, in ihren hohen Bürotürmen, Konzernzentralen, in den hell erleuchteten Wolkenkratzern und ihren Büros in den obersten Etagen, wo der Blick weit über Ma(i)nhattan oder den Indus, die Themse oder das Kap geht – ich wollte, dass sie abends, bevor sie ihre Lampen löschen, noch einmal ans Fenster treten und als Letztes, wirklich Allerletztes des Tages nicht noch einmal auf den Monitor blicken nach dem Zackengebirge der Kurse, sondern zu den kranken Nachbarn, den kaputten Stadt- und Erd- und Weltteilen, die tief zu ihren Füßen liegen."*
    Aus: Mit Matthias Claudius spricht Maria Jepsen(seit 1992 Bischöfin in Hamburg). Worauf ich hoffe. Mit Zeugen der Vergangenheit im Gespräch mit Zukunftsfragen. Herausgegeben von Klaus Möllering, Evangelische Verlagsanstalt GmbH, Leipzig 2004

41. *Der Habicht trug die buntkehlige Nachtigall hoch in den Wolken fest in seinen Krallen. An den Seiten von den gebogenen Krallen durchbohrt klagte sie jämmerlich.*

Da sagte herrisch zu ihr der Habicht in herzloser Rede:
Du Unglückselige, warum schreist du denn so? Dich hat in Händen einer, der viel stärker ist als du. Dorthin hast du zu gehen, wohin ich es will, auch wenn du schön singst. Zu meinem Fraß kann ich dich machen, wenn ich es will, oder dich fliegen lassen. Töricht ist, wer es mit Stärkeren aufnehmen will. Der Sieg wird ihm versagt sein und zur Schande wird er noch den Schaden haben.´
Also sprach der schnell fliegende Habicht...
O ihr großen Herren, ihr solltet auch selber im Herzen bedenken solches Gericht. Denn nah bei den Menschen sind die Unsterblichen und schauen, wer alles rechtsbrecherisch der eine den anderen quält.
Hesiod von Askra in Böotien (ca. 700 vor Chr.), Werke und Tage 202/212
Diese Geschichte ist die erste überlieferte Fabel der abendländischen Literatur.

42. Hier eine moderne, gereimte Fabel:
Liebesgedicht
Kröten sitzen gern vor Mauern,
wo sie auf die Falter lauern.
Falter sitzen gern an Wänden,
wo sie dann in Kröten enden.
So du, so ich, so wir.
Nur – wer ist welches Tier?
Robert Gernhardt, Gedichte 1954-94. Verlag Zweitausendeins 1998. © Haffmanns Verlag AG Zürich 1996

43. Fabel von den Fledermäusen oder Das Fähnlein nach dem Wind hängen
Die Vögel und die Tiere führten Krieg gegeneinander. Solange die Vögel siegreich waren, sagte die Fledermaus, sie sei ein Vogel, weil sie fliegen könne. Als die Tiere siegreich waren, sagte die Fledermaus, sie sei ein Tier, weil sie Zähne habe. Deswegen lässt sich die Fledermaus am Tage nicht sehen. Sie möchte nicht, dass jemand ihre zwei Gesichter sieht.
Tom Wolfe, Fegefeuer der Eitelkeiten. Roman. Rowohlt Taschenbuch Verlag 23674. 6. Aufl. 2009 Seite 729. © Kindler Verlag Reinbek 1988

44. Konfliktschlichtung durch Gesang: Beneidenswert sind die Sumpfrohrsänger, denn sie gehören zu den Singvögeln, die chorisch singen und so ihre Reviergrenzen aggressionsfrei klären. In der

Mittagssonne singen benachbarte Männchen gleichzeitig und ohne Anzeichen von Aggressionen und markieren so ihr Revier. Neid erweckend ist das insofern, als die menschlichen Nachbarschafts- und Kollegenstreitigkeiten nur allzu oft vor dem Kadi enden und doch meist nicht zu einem Frieden führen.
Aus: alverde a tempo (dm-Zeitschrift) Juli 2011 S. 10

45. *Ein Mensch, der einen andern traf,*
geriet in Streit und sagte: „Schaf!"
Der andre sprach: „Es wär ein Glück,
Sie nähmen dieses Schaf zurück!"
Der Mensch jedoch erklärte:
Nein, er säh dazu den Grund nicht ein. -
Das Schaf, dem einen nicht willkommen,
vom andern nicht zurückgenommen,
steht seitdem, herrenlos und dumm,
unglücklich in der Welt herum.
Aus: Das Eugen-Roth-Buch, Carl Hanser Verlag, München 1986

46. Die verbogene Esche
Ich erinnere mich immer jener schönen Esche bei uns daheim im Walde. Ein furchtbarer Sturm hatte gerast und den jungen Baum derart nieder- gedrückt, dass sein Wipfel sich im Geäst einer zausigen krummen Kiefer verfing, die viel kleiner war als er. Und nun konnte die Esche nicht mehr loskommen. Ihr junger Stamm war gekrümmt wie ein Bogen; ihre zarten Zweige, die gewohnt gewesen waren, nur den Himmel über sich zu haben, und sich zu regen und zu strecken, wie es ihnen gefiel, hingen welk und freudlos und zur Erde gezerrt in den dünnen Krallen des Bedrängers. Zum Glück kamen wir vorbei, mein Vater und ich. Er ließ die Kiefer, an der ihm nichts lag, abhauen. Die Esche war befreit, welche Seligkeit! Der elastische Baum richtete sich sogleich wieder auf, wonnig bebten seine Zweige, jedes einzelne Blatt begann ein Freudengeflatter zu erheben, und der schlanke Wipfel grüßte seinen Nachbarn und Gefährten, grüßte den Himmel, der ihm, wie zur Erwiderung, einen mild leuchtenden Sonnen- strahl zusandte. Die Esche war gerettet.
Die Schriftstellerin von Ebner-Eschenbach hat in diesem Abschnitt einer ihrer Erzählungen nicht nur dem Baum, der in ihrem Namen enthalten ist, ein kleines literarisches Denkmal gesetzt, sondern damit zugleich eine Fabel geschaffen, die symptomatisch für Mobbing-Situationen ist: Erst der Helfer von außen schafft eine

wirksame Befreiung aus der niederdrückenden Lage. Und darin ist schließlich auch eine religiöse, ja christliche Komponente enthalten...

Aus: Marie von Ebner-Eschenbach, Komtesse Paula. Erzählung. Erstmals erschienen 1885 unter dem Titel „Zwei Komtessen". Abgedruckt in: HerzensSachen. Literarische Liebesgeschichten. dtv 10893, 1988

21. Quellennachweise

1. Einleitung

1. Duden Band 7. Herkunftswörterbuch der deutschen Sprache. Mannheim
2. Umfrage im Februar 2010 im Auftrag der comdirekt Bank AG, http://dpaq.de/JyoUU
3. Aus: Siegfried Lenz, Die Klangprobe. Roman. Verlag Hoffmann und Campe 1990, Seite 26f
4. Ingeborg Bachmann (1926-73) schrieb in „Die gestundete Zeit" (1953) von der „auf Widerruf gestundeten Zeit". Das könnte eine Metapher für die heutigen befristeten Arbeitsverhältnisse und die über jedem Arbeitsverhältnis hängende, manchmal drohende Kündigung sein – mag auch die Zahl der Befristungen im Jahr 2009 wieder geringfügig zurückgegangen sein.
5. Laut einer Studie des Zentrums für Europäische Wirtschaftsforschung ZEW, zitiert nach den Badischen Neuesten Nachrichten vom 5.11.2010
6. Der Präsident des Deutschen Handwerkskammerstages Otto Kentzler: „Geförderte Arbeit konkurriert mit regulären Betrieben; das ist eigentlich verboten." Badische Neueste Nachrichten vom 17.11.2010
7. Aus: Elisabeth Langgässer (1899-1950), Rechenschaftsbericht an meinen Leser.
8. Siehe auch: Wolfgang Hantel-Quitmann, SCHAMLOS! Was wir verlieren, wenn alles erlaubt ist. Herder Verlag Freiburg 2009
9. Aus: Alexandre Dumas, Der Graf von Monte Christo
10. So Dietrich Bonhoeffer. Siehe auch: Renate Wind: Dem Rad in die Speichen fallen. Die Lebensgeschichte des Dietrich Bonhoeffer. (1990) Beltz & Gelberg, Weinheim 2001
11. Josef Weinheber (1892-1945), österreichischer Lyriker, Erzähler und Essayist
12. Albert Roderich, (1846 - 1938), deutscher Dichter und Aphoristiker
13. J. Schwickerath: Psychotherapeut 3-2001, Seite 199 ff. Insbesondere durch seine Forschungen und Erfahrungen gehört die Klinik Berus mit zu den besten Reha-Kliniken für Mobbing-Kranke.
14. Heinz Leymann, Mobbing. rororo Aktuell 13351, Rowohlt-Taschenbuch-Verlag, Reinbek bei Hamburg
15. Zitat aus einem Brief des erst 22-jährigen Dichters Franz Kafka (1883-1924)

2. Bestandsaufnahme

16. Marie-France Hirigoyen, Die Masken der Niedertracht – Seelische Gewalt im Alltag und wie man sich dagegen wehren kann, Deutscher Taschenbuch Verlag München 2002
17. Siehe auch Dorothee Sölle, Tretmühle. Eine Meditation zu einem Holzschnitt von Habdank. In: „Lieben und Arbeiten". Kreuz-Verlag 1985
18. Odo Marquard, Laudatio auf Vicco von Bülow (Loriot) bei der Verleihung des Kasseler Literaturpreises für grotesken Humor 1985
19. Studie der Horst Rückle Team GmbH, Böblingen
20. Dr. Andreas Boes, zitiert in der dm-Zeitschrift „alverde" August 2009, S. 49
21. Schon 1999 gaben A. Bittler und N. Copray ihr Büchlein „Mobbing und Missbrauch in der Kirche" heraus, Publik-Forum Verlagsgesellschaft Oberursel. Darin Paul Gärtner (S. 33): „(Kirchlicher) Gehorsam kann nur Antwort sein auf das entgegengebrachte Vertrauen." Um Mobbing-Prävention und –Hilfen in der evangelischen Kirche kümmert sich D.A.V.I.D. gegen Mobbing e.V., www.david-gegen-mobbing.de: „Konflikte stören das (Wunsch-)Bild von christlicher Harmonie." Siehe auch: Sabine Sunnus, Wer übrig bleibt, ist immer ohne Schuld... in: evangelische Aspekte 4/2001 Seite 13ff.
22. ideaSpektrum 4/2003 Seite 16 unter Berufung auf Udo Möckel, früherer Sozialsekretär der Nordelbischen Kirche
23. Deutsches Ärzteblatt 18.10.2002 Seite 2336. Überhaupt ist diese Zeitschrift voll von Artikeln, Berichten über Untersuchungen, Stellungnahmen, Leserbriefen.
24. Forsa-Institut im Auftrag der Krankenkasse DAK laut Badische Neueste Nachrichten vom 20.12.2009
25. Umfrage der Nürnberger Gesellschaft für Konsumforschung GfK-Gruppe, laut Badische Neueste Nachrichten vom 8.6.2010
26. „Mobbing-Report", eine repräsentativen Studie der Bundesanstalt für Arbeitsschutz und Arbeitsmedizin aus dem Jahr 2002, die dringend wiederholt werden müsste.
27. Handelsblatt 24.11.2010

28 So das Mannheimer Zentralinstitut für seelische Gesundheit (ZI), laut Badische Neueste Nachrichten vom 18.5.2010
29 Badische Neueste Nachrichten vom 25.2.11: „Menschen hören zu wenig auf ihren Körper."
30 Ernst Reinhardt, (*1932), Schweizer Publizist und Aphoristiker
31 In Erweiterung des Buch-Klassikers „Flüchten oder Standhalten" von Horst-Eberhard Richter, Rowohlt 1976
32 So die Antwort des Finanzministers auf eine Landtagsanfrage laut Badische Neueste Nachrichten vom 16.8.2010
33 web.de 24.3.2010 nach einer dpa-Meldung
34 Herr Jäger in der ARD-Talkrunde „Anne Will" am 5.12.2010
35 André Kaminski, Schalom allerseits. Tagebuch einer Deutschlandreise. suhrkamp taschenbuch 1637, Frankfurt 1989
36 Badische Neueste Nachrichten vom 9.10.2010
37 Badische Neueste Nachrichten vom 15.5.2010

3. Schatten des Arbeitslebens
38 Aus: Ruth Rehmann, Unterwegs in fremden Träumen, dtv 1993
39 Merkblatt unter: www.regierung.unter-franken.bayern.de
40 Landesarbeitsgericht Nürnberg Az. 6 Sa 259/97
41 Nach Theodor Fontane, Effi Briest, 1894/95
42 Walter E. Richartz, Büroroman. Diogenes Taschenbuch 20574, Zürich 1978, mit zahlreichen weiteren Beispielen aus dem Verwaltungsbereich
43 Die „klammheimliche Freude" wurde zum Un-Wort: Der Göttinger Mescalero war der pseudonyme Autor des Textes Buback – Ein Nachruf, der 1977 über der Ermordung des Generalbundesanwalts Siegfried Buback durch die Rote Armee Fraktion solch eine Schadenfreude empfunden hatte.
44 Max Frisch (1911-1991), Schweizer Schriftsteller
45 Siehe: www.respectresearchgroup.org
46 Dipl.-Psychologe Josef Schwickerath, Mobbing am Arbeitsplatz. Psychotherapeut 3-2001 Seite 199 ff. mit weiteren Nachweisen
47 Goethe als Wegbegleiter. Gedanken und Aussprüche, zusammengestellt von Helene Siegfried (Nummern 592 und 526 aus den Jahren 1813/14) R. Piper & Co. Verlag München 1938
48 Heinz Leymann, Mobbing. AaO. Seite 14
49 Horst Conen, Coach, zitiert nach: Psychologie heute, August 2008 Seite 33
50 Gerd G. Hösl, Mediation, die erfolgreiche Konfliktlösung. Kösel Verlag München 2002
51 Z.B. Arbeitsgericht Lübeck, Az. 1 Ca 247/2000; Landesarbeitsgericht Rheinland-Pfalz, 9 Sa 853/2001
52 Zu den Suiziden siehe auch Argeo Bämayr in Deutsches Ärzteblatt vom 6.7.2001, Seite 1556 ff.
53 Walter Ludin (*1945), Schweizer Journalist, Redakteur, Aphoristiker und Buchautor
54 Mobbing-Report, s. Fußn. 6
55 Dale Carnegie, Wie man Freunde gewinnt. Die Kunst, beliebt und einflussreich zu werden. Scherz-Verlag © 1938, Seite 35. Obwohl, das Wort „Freund" im Titel missverständlich ist, lohnt sich die Lektüre auch heute noch!

4. Mobbing – eine Frauen-Leidenschaft?
56 Aus: Hans Bahmer, Da beißt die Maus kein Faden ab. Tierische Redewendungen – wahrhaftig erklärt. Illustrationen von Annette Roeder. Altberliner Verlag 2005
57 F. Dostojewski (1821-1881), russischer Schriftsteller
http://de.wikipedia.org/wiki/Gregorianischer_Kalender
58 Hans Erich Nossack (1901-77) „Spätestens im November". Roman. Suhrkamp Verlag Frankfurt/M. 1955
59 Sozialforschungsstelle Dortmund (sfs), schriftliche Befragung 2001
60 ZEW-Studie zitiert nach den Badischen Neuesten Nachrichten vom 25.10.2010
61 Axel Kobelt und andere, Psychother Psych Med 2009; 59: 1-7
62 Prof. Dr. Hans-Jürgen Quadbeck-Seeger (*1939), deutscher Chemiker
63 Dr. Fritz P. Rinnhofer (*1939), Marketing- und Verkaufsmanager und Publizist
64 FOCUS 20/2002 vom 26.5.2002, Seite 74
65 Arbeitsmediziner und Mobbing, in: Deutsches Ärzteblatt vom 15.8.2003
66 dm-Zeitschrift alverde Mai 2010: Karl Gebauer im Gespräch

67 Dr. Argeo Bämayr, Mobbing. Hilflose Helfer in Diagnostik und Therapie. Deutsches Ärzteblatt Heft 27/2001 Seite 1811 ff

5. Gruppen-Mobbing
68 Nazim Hikmet (1902-1963), türkischer Dichter und Dramatiker
69 Gerald Hüther, Autor des Buches „Männer", in Publik- Forum 7.5.2010
70 Horst-Eberhard Richter, Flüchten oder Standhalten. Rowohlt 1976, S. 233
71 Aus: Ed Watzke, „Wahrscheinlich hat diese Geschichte gar nichts mit Ihnen zu tun…" Geschichten, Metaphern, Sprüche und Aphorismen in der Mediation. Forum Verlag Godesberg 2008
72 Siehe auch: Willi Fährmann, Der überaus starke Willibald. Arena Taschenbuch Band 1950, 1983. Dies ist nicht nur ein fabelhaftes Kinder- und Jugendbuch, sondern auch aufschlussreich zum Thema Macht und Mobbing.

6. Cyber-Mobbing
73 Aus: Klaus Reblin, Wolfgang Teichert, Gottescourage. Geschichten vom ganz anderen Leben der Heiligen. Kreuz Verlag Stuttgart 1981
74 Aus: André Kaminski, Schalom allerseits. Tagebuch einer Deutschlandreise. suhrkamp taschenbuch Nr. 1637 (1989)
75 Anita Rüffer, Tatort Internet. In: Publik-Forum vom 19.11.2010
76 Sönke Gerhold: Das System des Opferschutzes im Bereich des Cyber- und Internetstalking. Rechtliche Reaktionsmöglichkeiten der Betroffenen. Nomos Verlag Baden-Baden 2010; John Palfrey / Urs Gasser, Generation Internet, Die Digital Natives: Wie sie leben - Was sie denken - Wie sie arbeiten. Verlag Hanser-Wirtschaft 2008; Julia Riebel, Spotten, Schimpfen, Schlagen … Gewalt unter Schülern - Bullying und Cyberbullying. Verlag Empirische Pädagogik Landau

7. Schlaflosigkeit und Alpträume
77 Hermann von Bezzel (1861-1917), einer der großen Väter der Diakonie
78 Bernd Spengler in Publik-Forum 12.3.2010
79 Gesundheitsreport 2010 des IGES-Instituts im Auftrag der Krankenkasse DAK

8. Zorn und Rachegedanken
80 Badische Neueste Nachrichten vom 6.2.2010
81 Annette Pehnt, Mobbing, Piper Verlag München 2007. Sie beschreibt anschaulich, aber natürlich verfremdet, das Leiden ihres Mannes aus ihrer Sicht. „Blut lässt sich ganz schlecht auswaschen. Da bleibt immer etwas zurück." (S. 141) Und sie meint das auch im übetragenen Sinn.
82 Zitat aus: Christine Brückner, Nirgendwo ist Poenichen. Ullstein Verlag 1977
83 Psychologische Studie der Universität Chicago laut einem Bericht des Magazins „Science"
84 Siehe auch: Vera F. Birkenbihl, Warum wir andere in die Pfanne hauen… und wie wir lernen können, dies zu vermeiden. Junfermann-Verlag, 2. Aufl. 2005. Und insbesondere zur Rachespirale und zum Verzicht auf Rache: Thomas Böhm/Susanne Kaplan, Rache. Zur Psychodynamik einer unheimlichen Lust und ihrer Zähmung. Psychosozial-Verlag 2009. Siehe auch: Katharina Maier, Rache ist eine Speise, die man kalt genießt. marixverlag Wiesbaden, 2010.
85 Martin Walser, Finks Krieg. Roman. Suhrkamp Verlag Ffm. 1996, Seiten 130, 132, 164

9. Lügen
86 Titel einer Novelle aus dem Jahr 1915 von Franz Werfel (1890-1945)
87 „Gehirn und Geist"
88 So der amerikanische Psychologe Daniel Goleman in: Intelligenz mit viiiel Gefühl, Psychologie heute, April 1999, Seite 26ff
89 Zitat aus: Gemeinsames Leben, Chr. Kaiser Verlag München, 19. Auflage 1983, Seite 83

10. Bosheit
90 Ernst Wiechert (1887-1950) in seinem Roman „Missa sine nomine" (1950), seinem letzten Werk
91 Arbeitsgericht Düsseldorf, Az: 8 Ca 3230/89

11. Chefinnen und Chefs – im Konflikt von Recht, Macht und Fürsorge

92 So schrieb der Preußenkönig Friedrich II. (1712-86) in „Antimachiavell".
93 Bärbel Meschkutat, Mobbing: Aktuelles aus der Forschung. In: Gute Arbeit – Konfliktmanagement gegen Mobbing. Dokumentation einer Tagung im März 2009. Herausgegeben von der akademie für arbeit und politik der Universität Bremen und dem DGB Bildungswerk
94 Laut Badische Neueste Nachrichten vom 28.11.2000. Und diese Ergebnisse haben sich in den letzten zehn Jahren bestimmt nicht verbessert.
95 Wilhelm Raabe (1831-1910). Canaille (von lateinisch caniculus = kleiner Hund) ist ein Schimpfwort und bedeutet so viel wie gemeiner Kerl, Schurke, Halunke, Schuft. Es wurde im 17. Jahrhundert aus dem Französischen ins Deutsche übernommen.
96 Dale Carnegie, Wie man Freunde gewinnt, s. Fußnote 54, Seite 80 und 115
97 Paul Babiak / Robert D. Hare, Menschenschinder oder Manager: Psychopathen bei der Arbeit, Hanser Verlag; Gerhard Dammann, Narzissten, Egomanen, Psychopathen in der Führungsetage: Fallbeispiele und Lösungswege für ein wirksames Management, Haupt Verlag; Horst Opaschowski, Wir! Warum Ichlinge keine Zukunft mehr haben. Murmann Verlag Hamburg 2010; Albrecht Müller, Machtwahn. Wie eine mittelmäßige Führungselite uns zugrunde richtet. Droemer Verlag 2006 (auch als Knaur-Taschenbuch). Peter Sodann, Schlitzohren und Halunken. Von Ackermann bis Zumwinkel - Ein Almanach der Missetaten. Eulenspiegel Verlag 2010
98 So der aus Korea stammende Philosophieprofessor Byung-Chul Han in seinem Essay „Müdigkeitsgesellschaft", siehe Publik-Forum vom 19.11.2010.
99 Goethe als Wegbegleiter. Gedanken und Aussprüche, zusammengestellt von Helene Siegfried. Nummer 8, mit Eckermann. Dezember 1829. R. Piper & Co. Verlag München 1938
100 Christian Graf von Krockow, Preußen. Eine Bilanz. Deutsche Verlagsanstalt Stuttgart 1992. Er schreibt (Seite 125, bezogen auf die Frauen von Gutsherren): „Sie regierten in einem ausgedehnten Pflichtenkreis ein großes Haus mit vielköpfigem Personal – und auf ihre Weise das ganze Dorf. Sie kümmerten sich um die Alten und Kranken wie um die Heiratsnöte der jungen Leute und um die Geburten. Wo der Pietismus Fuß fasste, wie besonders in Pommern, hielten sie zudem die wöchentliche Bibelstunde ab, die manchmal praktisch geriet, wie sie den Frauen des Dorfes Gelegenheit bot, ihre Sorgen vorzutragen und um Abhilfe zu bitten. In Notzeiten – und welche Generation kannte sie nicht? – haben Gutsfrauen bei Abwesenheit ihrer Männer oft sogar die Leitung der gesamten Gutswirtschaft übernommen, oft mit vorzüglichem Ergebnis." Und weiter (Seite 128): „Ein Gebot war, sich gegen seine Mitmenschen – vielleicht nicht geradezu gut, das wäre übertrieben, aber: anständig zu verhalten." Schließlich (Seite 129): „Macht aber ist ein Mittel, kein Selbstzweck; die Frage stellt sich daher, wozu man sie nutzt. Und das im genauen Wortsinne Fragwürdige an den preußischen Tugenden ist, dass sie dazu schweigen… Die Leistungsbereitschaft sagt nicht, wofür sie eingesetzt wird, die Pflichterfüllung nicht, wem sie dient: ob dem König von Preußen oder Adolf Hitler."
101 Martin Walser, Finks Krieg, aaO. Seite 164
102 Badische Neueste Nachrichten vom 17.6.2009
103 Aus der Bergpredigt Jesu, Matthäus 5,37
104 dpa-Pressemitteilung, Badische Neueste Nachrichten 21.7.2011
105 Franz Kafka aus: Hochzeitsvorbereitungen. S. Fischer Verlag Frankfurt/M., Seite 180 ff
106 Repräsentative Umfrage des Meinungsforschungsinstituts TNS Emnid, zitiert nach der Süddeutschen Zeitung vom 23.10.2010
107 Iverde (dm-Zeitschrift) Juli 2011, Seite 41ff
108 Zitiert nach einer dpa-Meldung in: web.de 12.4.2010
109 Zitiert nach: Badische Neueste Nachrichten 31.12.2009
110 Jochen Mai, Die Büro-Alltags-Bibel: Alle Regeln und Gesetze für den Job. München 2010
111 Die Sächsische Zeitung, nach titelt aus BNN vom 16.7.2010, titelte: „Fehler einzugestehen ist ein rares Gut unter Top-Führungskräften."
112 So eine Karikatur von Johann Mayer
113 Martin Walser, Finks Krieg, aaO. Seiten 278f, 215f
114 Goethe als Wegbegleiter. Gedanken und Aussprüche zusammengestellt von Helene Siegfried. Nummer 33, Wilhelm Meister. R. Piper & Co. Verlag München 1938

12. Betriebsklimaanlage warten lassen - neue Werte für Unternehmen
115 Horst-Eberhard Richter, Flüchten oder Standhalten. Rowohlt 1976, Seite 233
116 diskussionen aktuell, Newsletter Haus der Kirche – Evangelische Akademie Baden, Nr. 24, Herbst 2009
117 Laut einer dpa-Meldung, abgedruckt in der Süddeutschen Zeitung am 24.7.2010
118 So warnt die Psychologin Rhona Flin von der schottischen Universität Aberdeen im British Medical Journal Vol. 340 Seite c2480, zitiert nach den Badischen Neuesten Nachrichten vom 7.8.2010. „Höflichkeit zwischen den Angestellten bringt mehr Vorteile als nur eine harmonische Arbeitsatmosphäre."
119 Leymann, Mobbing, aaO. Seite 173

13. Respekt
120 Aus: Westöstlicher Diwan (Nr. 68) in: Goethe als Wegbegleiter. Gedanken und Aussprüche zusammengestellt von Helene Siegfried. R. Piper & Co. Verlag München 1938
121 Siehe: Ingrid Strobl, Respekt, der von Herzen kommt, in: Psychologie Heute, Sept. 2008, Seite 21ff
122 Hartwig Hansen: Respekt, Klett-Cotta, Stuttgart 2008
123 Badische Neueste Nachrichten 2.1.2010
124 Zitiert aus: Werner Tiki Küstenmacher, biblify your life, Pattloch Verlag 2009
125 Badische Neueste Nachrichten 4.5.2010
126 Umfrage des Bundes der Selbstständigen Baden-Württemberg, laut Badische Neueste Nachrichten vom 20.8.2010
127 Doris Weber in: Publik Forum vom 13.8.2010
128 Die Bibel, Lukas 6,31

14. Vertrauen gewinnen
129 Den Geschenkcharakter des Vertrauens betont auch Otto Friedrich Bollnow in: Wesen und Wandel der Tugenden. Ullstein Buch 209. 1958. Seite 182f
130 Gabriele Hofmann in Licht und Kraft, Losungskalender, 28.10.2010. Aue-Verlag Möckmühl

15. Seelsorge
131 Tabea Jersak, in: Unterwegs 1/1995
132 Paul Gerhardt in dem Choral „Befiehl du deine Wege"
133 Matthäus 8, 5-13
134 (Tägliche) Losungen der Herrnhuter Brüdergemeine
135 Zitiert nach Badische Neueste Nachrichten 16.11.2010
136 Zitiert nach Badische Neueste Nachrichten 29.3.2010
137 Nach Franz Kamphaus, Lichtblicke (13.6.). Verlag Herder, Freiburg 2001
138 Aus dem Choral „O Welt, sieh hier dein Leben"
139 Klaus Reblin/Wolfgang Teichert, Gottescourage. Geschichten vom ganz anderen Leben der Heiligen. Kreuz Verlag Stuttgart 1981
140 Text von Peter Strauch (1979) aus: Gemeindeliederbuch „Feiern und Loben" Hänssler-Verlag 2003
141 Christine Brückner, Die Zeit danach. Roman. Verlag Ullstein GmbH 1961
142 Dr. med. Eckart von Hirschhausen, Die Leber wächst mit ihren Aufgaben. rororo 62355, Reinbek bei Hamburg 2008, Seite 177ff

16. Rechtliches
143 Gerd G. Hösl, Mediation, aaO.
144 In seinem Debütroman Lügen in Zeiten des Krieges schildert Begley, geboren 1933 in Polen, heute Ukraine, die Ereignisse des Holocausts in Polen, insbesondere die zum Überleben notwendigen Lügen aus der Sicht eines kleinen Jungen.
145 BAG vom 15.1.1997, Arbeitsgericht Kiel vom 27.2.1997
146 Axel Esser /Martin Wolmerath, Mobbing. Der Ratgeber für Betroffene und ihre Interessenvertretung. Bund-Verlag Frankfurt 2003.
147 Eugen Roth, Je nachdem. Heitere Verse und Gedichte. dtv München 1981

148 Eugen Roth, aaO.
149 Badische Neueste Nachrichten 14.6.2011 für Baden-Württemberg
150 „Integration psychischer Belastungen in die Beratungs- und Überwachungspraxis der Arbeitsschutzbehörden der Länder" - Veröffentlichung Nr. 52 des Länderausschusses für Arbeitsschutz und Sicherheitstechnik vom Oktober 2009
151 Bayerisches Landessozialgericht Urteil vom 29.04.2008, Az.: L 18 U 272/04
152 Siehe auch: „Wenn aus Kollegen Feinde werden. Der Ratgeber zum Umgang mit Mobbing." Bundesanstalt für Arbeitsschutz und Arbeitsmedizin (Hrg.). Dortmund 2003. www.baua.de/down/mobbing.pdf
153 BSG vom 14.02.2001, Az.: B 9 VG 4/00 R

17. Mediation gegen Mobbing

154 Dieser Abschnitt ist in abgewandelter Form als Fachartikel in der Zeitschrift „wirtschaft + weiterbildung" 06/2010 erschienen.
155 BVerfGE vom 14.2.2007, 1BvR 1351/01 Absatz Nr. 35, NJW-RR 2007,1073f
156 H. Prütting, Reichweite und Grenzen der Mediation im Arbeitsrecht. In: Joussen/Unberath, Mediation im Arbeitsrecht. Verlag C. H. Beck, München 2009, Seite 99f
157 Gerd G. Hösl, Mediation, aaO.
158 Aus: Les Parrot, Einfach nervig! Vom Umgang mit anstrengenden Mitmenschen. Verlag Schulte & Gerth 1997
159 Aus: Hans Bahmer, Da beißt die Maus kein Faden ab. Tierische Redewendungen – wahrhaftig erklärt. Altberliner Verlag 2005
160 Ed Watzke, aaO.

18. Begleitete Mobbinggruppe und lokales Mobbing-Telefon

161 Eugen Roth, Je nachdem. Heitere Verse und Gedichte. dtv München 1981
162 Eva Baumann-Lerch in Publik-Forum Nr. 20/2010, Seite 65 ff.

19. Versöhnung

20. Nachwort

163 Janusz Korczak, zitiert nach Edith Biewend, Leben ohne Illusion. Eugen Salzer Verlag Heilbronn 1974, S. 49

Foto (aufgenommen vom Autor): Spruch an einem Fachwerkhaus

Notizen

Notizen

Buchhinweis:

Berufung Rufmord Abberufung

Der Ungedeihlichkeitsparagraf in den evangelischen Kirchen:
Der falsche Weg, Konflikte zu lösen

Im Auftrag des Vereins D.A.V.I.D.
gegen Mobbing in der evangelischen Kirche e.V.
herausgegeben von
Karl Martin, Sabine Sunnus und Ingrid Ullmann

Es ist weitgehend unbekannt, dass evangelische Pfarrerinnen und Pfarrer mit Hilfe eines so genannten „Ungedeihlichkeits"-Gesetzes aus dem Dienst entfernt werden können, ohne dass ihnen schuldhaftes Verhalten nachgewiesen werden muss. Das öffnet Mobbing Tor und Tür, die betroffenen Personen werden in ihrer Berufsrolle nachhaltig beschädigt. Oft bedeutet es das vorzeitige Ende ihrer Berufung ins Pfarramt. Die Leiden reichen von seelischer Not über soziale Ausgrenzung bis zu Gehaltskürzungen. Darüber gibt dieses Buch Auskunft.

Die Ursachen für solche Tragödien werden vor allem durch strukturelle Mängel ausgelöst und begünstigt. Der Umgang mit dem Recht lässt häufig die notwendige Sorgfalt vermissen. Grundlegende Rechtsstaatsprinzipien werden verletzt. Staatliche Gerichte können Hilfesuchenden keinen Rechtsschutz gewähren, ihnen sind durch die in Artikel 140 Grundgesetz garantierte Rechtsautonomie der Kirchen die Hände gebunden. Das Buch fordert dazu auf, diese Missstände zu beenden.

Die Autorinnen und Autoren stammen alle aus dem kirchlichen Raum. Einige sind Pfarrerinnen und Pfarrer, andere sind Gemeindeglieder und professionelle Ansprechpartner. Die Problematik wird unter erfahrungsorientierten, kirchenrechtlichen, psychosozialen, theologischen und organisationsreformerischen Aspekten entfaltet. Der Verein „D.A.V.I.D. gegen Mobbing in der evangelischen Kirche" geht mit diesem Buch an die Öffentlichkeit, weil er hofft, damit zu einer Überwindung der Missstände beitragen zu können.

Das Inhaltsverzeichnis des Buches „Berufung Rufmord Abberufung" und ein Bestellschein sind auf der folgenden Seite abgedruckt. Bestellungen des Buches sind über den Verlag (Verlags-Homepage, Telefon, Telefax, Postweg) oder über den Buchhandel möglich. Der Link auf die Verlags-Homepage: http://www.fenestra-verlag.de/buecher/info_berufung_rufmord_abberufung.html

---

Bestellungen an: Fenestra-Verlag, Am Heienberg 4
65193 Wiesbaden, Fon: (0611) 5440693; Fax: 9545911
info@fenestra-verlag.de;   www.fenestra-verlag.de

Berufung
Rufmord
Abberufung

**Der Ungedeihlichkeitsparagraf
in den evangelischen Kirchen:
Der falsche Weg,
Konflikte zu lösen**

*Im Auftrag des Vereins
D.A.V.I.D.
gegen Mobbing in der evangelischen
Kirche e.V.*
herausgegeben von
Karl Martin, Sabine Sunnus
und Ingrid Ullmann

160 S., kart., 1. Aufl. Nov. 2007
9,80 € (inkl. MwSt.; zzgl. Versand)
ISBN 3-9809376-5-8

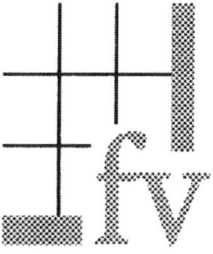

fenestra-verlag

Inhaltsverzeichnis des Buches „Berufung Rufmord Abberufung"

AUFARBEITUNG VON ERFAHRUNGEN
Sabine Sunnus, Der Verein D.A.V.I.D. gegen Mobbing in der ev. Kirche - Von allen guten Geistern verlassen
Hans-Eberhard Dietrich, Die Interessengemeinschaft Recht - Das Wissen um die Ursachen
Hans-Eberhard Dietrich, Die Melsunger Initiative - Raus aus Isolation und Vereinzelung

WENN DIE MACHT IN DEN FALSCHEN HÄNDEN LIEGT
Hanns Lang und Hans-Rainer Schuchmann, Starnberg: Chronik einer „Ungedeihlichkeit" 1999-2004
Sabine Sunnus, Steimke: Standhaftigkeit hat sich gelohnt
Sabine Sunnus, Langen: Eine konsequent inszenierte Vernichtung

DIE KIRCHENRECHTLICHE SITUATION
Hans-Eberhard Dietrich, Der Wartestand und das Dritte Reich - Eine unbequeme Wahrheit
Hanns Lang, Die „Ungedeihlichkeit" - Tatbestandsmerkmale in sechs Anklagepunkten
Gotthold Gocht, Einladung zu Willkür - Rechtsstand und Rechtspraxis in der EKHN: Chance und Schaden

PSYCHOSOZIALE WIRKUNG UND IHRE FOLGEN
Ingrid Ullmann, Mit Mobbing-Strategien zum Erfolg - Wenn's offen nicht klappt, geht man eben hintenrum
Mariele Berghaus, Die andere Seite der Abberufung - Am schlimmsten ist das Schweigegebot
Angelika Klinghammer, Bis zum bitteren Ende - Die ganze Familie wird abgestraft

THEOLOGISCHE SINNZWEIFEL
Psalm 41: 124 „…dass mein Feind über mich nicht frohlocken wird"
Karl Martin, Predigt über 1. Mose 19,1-17.23–26 „Rette dein Leben und sieh nicht hinter dich …"
Jürgen Berghaus, Andacht zum Visitationsabschluss - Trauma als Gottesfinsternis

JENSEITS DER KLAGEMAUER
Hanns Lang, Gesetze allein reichen nicht - Ein verfassungskonformes Rechtsverfahren anstelle der Ungedeihlichkeit
Rainer Mischke, Konflikte innerhalb einer Kirchengemeinde - Ein Vorschlag zu ihrer Regelung
Verband der Vereine evangelischer Pfarrerinnen und Pfarrer in Deutschland e.V.,
Erste Schritte zur kirchenpolitischen Umsetzung - Thesen zur „Nichtgedeihlichkeit" und zum „Wartestand"

AUTOREN, ADRESSEN, GERICHTSURTEILE, LITERATUR

Bestellschein per Fax (0611) 954 59 11 oder per Post
an Fenestra-Verlag, Am Heienberg 4, 65193 Wiesbaden

Hiermit bestelle ich gegen Rechnung
(Preis zuzügl. Porto; inkl. MwSt.):

...... **Berufung Rufmord Abberufung**
Der Ungedeihlichkeitsparagraf in den ev. Kirchen:
Der falsche Weg, Konflikte zu lösen
Herausgegeben von Karl Martin, Sabine Sunnus und Ingrid Ullmann
160 S., kart., 1. Aufl. November 2007, 9,80 EUR, ISBN 3-9809376-5-8

_____
Name

_____
Straße   PLZ und Ort

_____
Datum   Unterschrift

Buchhinweis:

Kirchenrecht Sonderrecht Unrecht

Plädoyer für Rechtsstaatlichkeit und Geltung des Evangeliums in den evangelischen Kirchen

Herausgegeben vom gemeinnützigen Verein „D.A.V.I.D. gegen Mobbing in der evangelischen Kirche e.V."
Zusammenstellung der Texte: Rainer Mischke

Die evangelischen Landeskirchen berufen sich zwar auf die Rechtsautonomie, welche ihnen das Grundgesetz gewährt. Aber zwischen der modernen, am Grundgesetz der BRD orientierten Rechtsprechung des Staates und der Handhabung der Rechtssprechung kirchenintern liegen Welten. Damit verletzen die Kirchen nicht nur das heutige Rechtsempfinden, sondern auch ihre eigene biblische Grundlage: die Botschaft des Evangeliums.

Schon seit mehr als zehn Jahren machen die Mitglieder von „D.A.V.I.D. gegen Mobbing in der evangelischen Kirche e.V." auf das Unrecht aufmerksam, das Pfarrerinnen und Pfarrern durch die Anwendung des „Ungedeihlichkeitsparagraphen" bei Konflikten in den Gemeinden angetan wird. Auch die Gemeinden selbst werden durch solche Konflikte nachhaltig geschädigt.

Das Buch schildert den neuesten Unrechtsfall. Die Theologie-Professorin Dr. Gisela Kittel ist zutiefst aufgewühlt von der Willkür, mit der ein Gemeindepfarrer aus seinem Dienst entfernt werden soll. Die EKD reagiert nur mit Scheinkosmetik. In dem neuen Pfarrdienstgesetz vermeidet sie zwar den Begriff „Ungedeihlichkeit"; das dahinter stehende Denken wird aber unbeirrt fortgeschrieben.

In dem Buch wird die aktuelle Diskussion dargestellt. Das bisher geltende Pfarrdienstgesetz und die geplante Neufassung werden in Textauszügen abgedruckt und miteinander verglichen. Kommentare und Analysen konkretisieren die Kritik am Pfarrdienstgesetz. Anschließend wird vorgestellt, wie ein professionelles Konfliktmanagement für die Kirchen aussehen könnte.

Der gemeinnützige Verein „D.A.V.I.D. gegen Mobbing in der evangelischen Kirche e.V." deckt Unrechtsfälle in den evangelischen Landesskirchen auf. Er berät Mobbing-Opfer und dokumentiert ihr Schicksal. Er sucht dringend Unterstützung für seine Forderung, dass Rechtsschutz und rechtsstaatliche Prinzipien auch in der Kirche zur Anwendung kommen.

Das Inhaltsverzeichnis des Buches „Kirchenrecht Sonderrecht Unrecht" und ein Bestellschein sind auf der folgenden Seite abgedruckt. Bestellungen des Buches sind über den Verlag (Verlags-Homepage, Telefon, Telefax, Postweg) oder über den Buchhandel möglich. Der Link auf die Verlags-Homepage: http://www.fenestra-verlag.de/buecher/info_kirchenrecht_sonderrecht_unrecht.html

Bestellungen an: Fenestra-Verlag, Am Heinenberg 4
65193 Wiesbaden, Fon: (0611) 5440693; Fax: 9545911
info@fenestra-verlag.de; www.fenestra-verlag.de

Kirchenrecht
Sonderrecht
Unrecht

Plädoyer für Rechtsstaatlichkeit und Geltung des Evangeliums in den evangelischen Kirchen

Hrsg. vom gemeinnützigen Verein „D.A.V.I.D. gegen Mobbing in der evangelischen Kirche e.V."

Zusammenstellung der Texte: Rainer Mischke

140 S., kart., 1. Aufl. Okt. 2010
10,80 € (inkl. MwSt.; zzgl. Versand)
ISBN 978-3-9813498-2-5

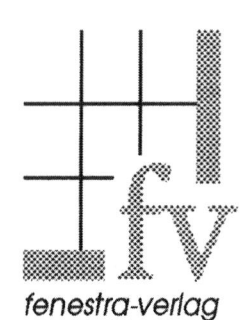

fenestra-verlag

Inhaltsverzeichnis des Buches „Kirchenrecht Sonderrecht Unrecht"

Der neueste deutschlandweit bekannte Fall von kirchlichem Unrecht
Dr. Gisela Kittel: Der Ungedeihlichkeitsparagraph in kirchenamtlicher Anwendung
Dr. Gisela Kittel und Maike Stahl: Verleumdung Tür und Tor geöffnet

Das Grundgesetz erlaubt den Kirchen ein Sonderrecht
Art. 140 Grundgesetz in Verbindung mit Art. 137 WRV

Zu diesem Sonderrecht gehört das bisher angewandte Ungedeihlichkeitsgesetz
Pfarrergesetz der VELKD vom 17. Okt. 1995 / Pfarrdienstgesetz der EKU vom 15. Juni 1996

Das Sonderrecht „Ungedeihlichkeitsgesetz" ist Unrecht
Dr. jur. Hanns Lang: Dreifache Schelte der Ungedeihlichkeits-Gesetze der Ev. Kirchen und des Ungedeihlichkeits-Verfahrens und der Folgen solcher Verfahren / Sieghart Schneider: Verteidigung und Anklage in einer Hand

Die evangelischen Kirchen formulieren jetzt das Pfarrdienstgesetz neu
Der Entwurf „Pfarrdienstgesetz der EKD" vom 16. August 2010 / Begründung zum Entwurf des „Pfarrdienstgesetzes der EKD" vom 17. August 2010 / Rainer Mischke: Quo vadis, Pfarrdienstgesetz?

Die Neuformulierung des Pfarrdienstgesetzes kleidet das alte Unrecht in ein neues Gewand
Rainer Mischke: Auflistung einiger Verstöße des Entwurfs „Pfarrdienstgesetz.EKD" gegen das Wesen der Kirche bzw. gegen die Grundsätze der Rechtsstaatlichkeit / Friedhelm Maurer: Ein neues Etikett für einen alten Schwindel / Dr. jur. Werner Hofmann: EKD-Gesetz disponibel! / Dr. Karla Sichelschmidt: Notvolle Situationen / Rainer Mischke: Obrigkeit liebt Unklarheit / Gotthold Gocht † : Angeordnetes Mobbing / Rainer Mischke: Brief an die EKD-Synodalen der ELKB

Zwei interessante Ansätze, das System „Kirche" zu verstehen
Angela Bachmair: Das Herz der Finsternis / Dr. Annegret Böhmer: Arbeitsplatz evangelische Kirche

Kirchenrecht in Einklang mit Rechtsstaatlichkeit und Evangelium
Christian Johnsen, Dr. jur. Hanns Lang, Dr. phil. Karl Martin, Pfarrer i.R. Rainer Mischke: Konflikte in der Kirchengemeinde rechtsstaatlich regeln / Empfehlungen für die (landes-)kirchlichen Gesetzgeber

---

Bestellschein per Fax (0611) 954 59 11 oder per Post
an Fenestra-Verlag, Am Heienberg 4, 65193 Wiesbaden

Hiermit bestelle ich gegen Rechnung
(Preis zuzügl. Versand; inkl. MwSt.):

...... **Kirchenrecht Sonderrecht Unrecht**

Plädoyer für Rechtsstaatlichkeit und Geltung des Evangeliums in den ev. Kirchen Herausgegeben vom Verein „D.A.V.I.D."
Zusammenstellung der Texte: Rainer Mischke
140 S., kart., 1. Aufl. Oktober 2010, 10,80 EUR, ISBN 978-3-9813498-2-5

Name

Straße   PLZ und Ort

Datum   Unterschrift